6 wortstark
PLUS

Sprach-Lesebuch Deutsch
Differenzierende Ausgabe

Werkstattheft

Schroedel
westermann

6 wortstark PLUS

Sprach-Lesebuch Deutsch
Differenzierende Ausgabe

Werkstattheft

Herausgegeben von
August Busse, Ingrid Hintz und Peter Kühn

Erarbeitet von
August Busse, Ingrid Hintz, Irmgard Honnef-Becker,
Peter Kühn, Gerd Ludwig, Eleonore Preuß und Fritz Wiesmann

© 2010 Bildungshaus Schulbuchverlage
Westermann Schroedel Diesterweg
Schöningh Winklers GmbH,
Georg-Westermann-Allee 66,
38104 Braunschweig
www.westermann.de

Druck A^{12} / Jahr 2024
Alle Drucke der Serie A sind im Unterricht
parallel verwendbar.

**Die Seiten dieses Arbeitshefts bestehen zu
100 % aus Altpapier.**

Damit tragen wir dazu bei, dass Wald
geschützt wird, Ressourcen geschont
werden und der Einsatz von Chemikalien
reduziert wird. Die Produktion eines
Klassensatzes unserer Arbeitshefte aus
reinem Altpapier spart durchschnittlich 12
Kilogramm Holz und 178 Liter Wasser, sie
vermeidet 7 Kilogramm Abfall und reduziert
den Ausstoß von Kohlendioxid im Vergleich
zu einem Klassensatz aus Frischfaserpapier.
Unser Recyclingpapier ist nach den
Richtlinien des Blauen Engels zertifiziert.

Redaktion: Stefan Bicker
Herstellung: Andreas Losse
Illustrationen: Sabine Lochmann,
Yaroslav Schwarzstein
Umschlaggestaltung und Layout: Janssen Kahlert
Design & Kommunikation, Hannover (unter Ver-
wendung eines Fotos: punchstock)
Satz: Sandra Hammer, Winsen (Luhe)
Druck und Bindung: Westermann Druck GmbH,
Georg-Westermann-Allee 66,
38104 Braunschweig

ISBN 978-3-507-**48232**-6

Textquellen: S. 8: Aus: Erich Kästner. Till Eulenspiegel.
Hamburg: Dressler 2000; **S. 22:** Aus: Monika Severith.
Das Bettelarmband. Braunschweig: Schroedel Verlag
2008. S. 7ff. (gekürzt); **S. 26, Lösungsteil S. 2:** Aus:
Großer Ozean. Gedichte für alle. Hrsg. von Hans-Joach-
im Gelberg. Weinheim/Basel: Beltz & Gelberg 2006. S.
15; **S. 27, Lösungsteil S. 2:** Aus: Heinrich Heine.
Sämtliche Schriften. Bd. 4. München: Deutscher
Taschenbuch Verlag 1997. S. 301; **S. 28:** Aus: Daniela
Nase. Unser Wald. Mit Illustrationen von Susanne
Riha. München: cbj 2006. S. 34–38 (gekürzt); **S. 30:**
Aus: Geolino Nr. 5 1998/1999.
S. 88f. (gekürzt); **S. 32:** Aus: Geolino Nr. 10/2008.
S. 14ff. (gekürzt); **S. 36:** Aus: Jean de La Fontaine.
Gesammelte Werke. Berlin: Fontane-Verlag 1890;
S. 41: Aus: Dein Spiegel Nr. 1. 2010. S. 6; **S. 43:** Aus:
Geolino extra Nr. 18. S. 50; **S. 44:** Aus: Hans Joachim
Schädlich: Der Sprachabschneider. Reinbek bei
Hamburg: Rowohlt 2007; **S. 45:** Aus: Dietmar Mertens:
Wald. Von Tieren, Pflanzen, Urwaldmenschen.
Stuttgart: Kosmos Verlag 2007. S. 58; **S. 47:** Trierischer
Volksfreund Nr. 286 vom 9. 12. 2009. S. 32; **S. 50:** Aus:
James Krüss: Der wohltemperierte Leierkasten.
München: cbj 1961. S. 118; **S. 55:** (Klingeln im Bauch,
Ungeplanter Imbiss) Aus: Kuriose Meldungen der
(dpa). Königswinter: Tandem Verlag 2007. S. 454;
S. 61: Aus: Geolino 6/2003. S. 10f.

Bildquellen: |adpic Bildagentur, Köln: Lammeyer, T. **34
.1.** |akg-images GmbH, Berlin: Cinetext **57 4.** |alamy
images, Abingdon/Oxfordshire: curved-light **61 .1.**
|Biosphoto, Berlin: Fabrice, Simon **28 .1.** |David
McHugh: **44 .2.** |ddp images GmbH, Hamburg: **30 .1.**
|Deuter, Wolfgang, Germering: **78 1.** |Dustin Feider O2
Treehouse: **41 .1.** |EuroVideo Bildprogramm GmbH,
Ismaning: **58 .2.** |Fabian, Michael, Hannover: **77 1.**
|fotolia.com, New York: Bogdanski, Yvonne **52 .2.**
|Getty Images, München: Allig, Birgid **43 .1;** Imagezoo/
Images.com **33, 35, 39;** Klum, Monika/National
Geographic **45 .1;** Spartas, Dale C./Corbis **49 .1.**
|Glienke, Amelie (HOGLI), Berlin: **44 .1.** |Helga Lade
Fotoagenturen GmbH, Frankfurt/M.: Davis, Tim **67 1.**
|Heuer, Monique, Berlin: **63 1.** |Interfoto, München: **57
.1;** Cinetext **57 .3.** |juniors@wildlife Bildagentur GmbH,
Hamburg: Harms, D. **75 2.** |Kölner Stadt-Anzeiger,
Köln: Britta Havlicek, 20.07.2008 **46 .1.** |laif, Köln:
Hartz, Sebastian **20 1.** |mauritius images GmbH,
Mittenwald: Schmidt, Rudolf **48 1.** |OKAPIA KG - Micha-
el Grzimek & Co., Frankfurt/M.: NAS/Gregory K. Scott
28 2. |Picture-Alliance GmbH, Frankfurt/M.: **57 .2;**
dpa/Tschauner, Franz-Peter **49 .2;** Helga Lade/Weiss
52 .1; maxppp/Pollet, Eric **51 .1;** NHPA/photoshot/
Harvey, Martin **47 1.** |Pixathlon, Hamburg: Action
Images **64 .2.** |Schmiedeskamp, Katja, Hannover: **4, 5.**
|TopicMedia Service, Mehring-Öd: Danegger **32 1;**
Sohns **53 1;** Walz **54 1.** |ullstein bild, Berlin: **58 1;**
Granger Collection **59 .1.** |vario images, Bonn:
imagebroker **48 .2.** |Voller Ernst GbR, Berlin: **56 1.**

Liebe Schülerin, lieber Schüler!

In diesem Werkstattheft kannst du arbeiten und üben. Du findest darin zu allen Werkstattseiten des Schülerbandes weitere Aufgaben zum Lesen, Sprechen und Schreiben, zum Nachdenken über Sprache und zum Rechtschreiben.

Die meisten Übungen wirst du bearbeiten, wenn das Thema gerade mit dem Schülerband im Unterricht durchgenommen und besprochen wird. Manchmal kannst du aber auch Aufgaben zu einem Thema schon vorher lösen. Dann bist du gut vorbereitet auf das, was auf dich zukommt.

Wähle deine Übungen mit Überlegung aus! Frage dich, was für dich von besonderer Bedeutung ist, was du besonders üben und wiederholen solltest – natürlich auch, was du machen möchtest, weil es dir Spaß macht. Lass dich bei der Auswahl von deiner Lehrerin oder deinem Lehrer beraten.

Im Lösungsteil (S. 1) findest du einen Arbeitsplan, in dem du aufschreiben kannst, was du schon bearbeitet hast und was du als Nächstes machen willst.

Bevor du mit der Arbeit beginnst, solltest du noch die Hinweise auf der nächsten Seite beachten.

Und nun:
Viel Spaß und Lernerfolg mit dem „wortstark"-Werkstattheft!

Grüne, blaue, rote Aufgaben

1 Grüne Aufgaben: Sie bereiten die folgenden Aufgaben vor. Manchmal kannst du sie überspringen.

2 Blaue Aufgaben: Hier wird alles Wichtige wiederholt und geübt.

3 Rote Aufgaben: Du kannst sie zusätzlich machen. Oft sind sie wie im Schülerband ein bisschen kniffliger als die blauen.

Schülerband bereithalten

Halte während der Arbeit mit dem Werkstattheft den Schülerband 6 griffbereit. Zu vielen Übungen findest du in der Randspalte des Arbeitsheftes Hinweise, wo du dir zum Lösen der Aufgaben Hilfe im Schülerband holen und nachschlagen kannst.

Eintragen, anstreichen, schreiben ...

Du kannst direkt im Werkstattheft arbeiten (eintragen, anstreichen, schreiben, zeichnen) oder etwas auf ein Zusatzblatt schreiben und einkleben, wenn der Platz nicht ausreicht.

Lösungen überprüfen

Wenn du wissen möchtest, ob du alles richtig gemacht hast, dann kannst du im Lösungsteil nachschlagen.
Oft gibt es aber nicht nur eine Lösung, sondern mehrere sind möglich. Arbeite dann mit jemandem zusammen und vergleicht die Lösungen miteinander. Gebt euch Tipps und helft euch beim Überarbeiten und Berichtigen von fehlerhaften Textstellen. Holt euch dabei auch Hilfe von eurer Lehrerin oder eurem Lehrer.

Das kann ich schon ...

In den Werkstätten *Sprechen und Zuhören*, *Schreiben* und *Lesen – Texte und Medien* findest du immer wieder solche Kästen:

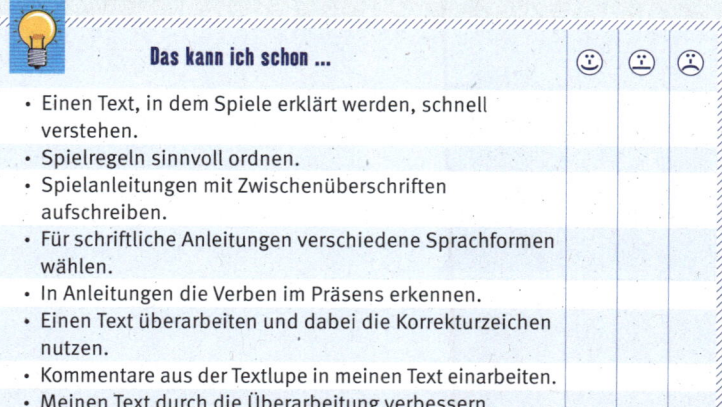

Das kann ich schon ...   ☺ ☺ ☹

- Einen Text, in dem Spiele erklärt werden, schnell verstehen.
- Spielregeln sinnvoll ordnen.
- Spielanleitungen mit Zwischenüberschriften aufschreiben.
- Für schriftliche Anleitungen verschiedene Sprachformen wählen.
- In Anleitungen die Verben im Präsens erkennen.
- Einen Text überarbeiten und dabei die Korrekturzeichen nutzen.
- Kommentare aus der Textlupe in meinen Text einarbeiten.
- Meinen Text durch die Überarbeitung verbessern.

Hier kannst du dein Leistungsvermögen einschätzen und ankreuzen:
☺ Das kann ich gut.
☺ Das kann ich einigermaßen.
☹ Das muss ich noch üben.

Solche Kästen können am Anfang einer Übungseinheit stehen – dann kannst du aus den folgenden Übungen gezielt auswählen. Meistens stehen sie aber am Ende einer Übungseinheit – dann bekommst du Tipps, wie du weiterarbeiten kannst.

Überprüfe dein Wissen und Können

In den Werkstätten *Sprache* und *Rechtschreibung* findest du diese blauen Felder:

Überprüfe dein Wissen und Können

1 In den Wörtern fehlt b oder bb, d oder dd, f oder ff, l oder ll, m oder mm, n oder nn, p oder pp, r oder rr, t oder tt:

kna___ern   der Ra___e   er fä___t   der Schwa___
der Pfa___kuchen   der Bru___bär   die Ga___e   sie pa___eln
der Pu___el   der Bü___el   es bru___t   die Hü___e
die Lu___e   der I___tum   der Schwi___flügel

a) Setze den richtigen Buchstaben ein.
b) Diktiert euch die Wörter gegenseitig.

Hier kannst du dein Leistungsvermögen selbst testen.

Gelesenes präsentieren/Ein Buch vorstellen

→ *Ausführliche Hinweise zur Vorbereitung und Gliederung einer Buchvorstellung findest du im Schülerband, S. 120–123.*

Hier kannst du üben, wie du die Präsentation eines Buches so gestaltest, dass sie für die Zuhörer interessant und informativ wird. Natürlich ist es dabei besonders wichtig, dass du eine passende Textstelle aus dem Buch findest und zum Vorlesen vorbereitest.

1 Schau dir das folgende Beispiel an, um dich noch einmal über die Vorbereitung einer Buchvorstellung zu informieren.

Lea will ihrer Klasse das Buch „Disteltage" von Renate Welsh vorstellen. Sie hat sich dafür auf Karteikarten die folgenden Notizen gemacht:

→ *Einen Auszug aus dem Buch „Disteltage" findest du im Schülerband, S. 106–108.*

> **Wichtige Buchfiguren:**
>
> Moritz und Sarah, die in dieselbe Klasse gehen
> Sarahs Mutter

> **Textstelle zum Vorlesen:**
>
> Moritz hilft Sarah, als ihre Mutter ins Krankenhaus gebracht worden ist. (Kapitel 11, Seite 80–85)

> **Titel des Buches:** Disteltage.
>
> **Autorin:** Renate Welsh.

> **Warum ich das Buch ausgewählt habe:**
>
> Das Buch war in der Bücherkiste in der Klasse; der Klappentext hat mich neugierig gemacht.

> **Kurze Hinführung zu der Textstelle, die ich vorlesen will:**
>
> Moritz kennt Sarah schon länger und mag sie. Aber plötzlich verhält Sarah sich ganz anders als sonst. Ihre Mutter leidet nämlich nach der Trennung von ihrem Mann unter einer starken Depression. Das ist für Sarah eine schwierige Situation, und manchmal fühlt sie sich stark überfordert.
> Moritz beobachtet Sarah aufmerksam und ist genau in dem Moment, in dem sich alles dramatisch entwickelt, als Helfer und Freund zur Stelle.

> **Was mir besonders gut gefallen hat:**
>
> Dass Moritz sich so um Sarah bemüht hat, obwohl sie ihn immer wieder vor den Kopf gestoßen hat.
> Den Titel habe ich erst gar nicht verstanden. Nach dem Lesen fand ich ihn gut.

2 Ordne Leas Notizen und nummeriere sie in einer sinnvollen Reihenfolge von 1 bis 6.

Eine Buchvorstellung planen und gliedern

3 Plane nun deine eigene Buchvorstellung.

Checkliste für meine Buchvorstellung

Titel des Buches: _____

Autor/Autorin: _____

Wichtige Buchfiguren: _____

_____

Warum ich das Buch ausgewählt habe: _____

_____

Was mir besonders gut gefallen hat: _____

_____

Kurze Hinführung zu der Textstelle, die ich vorlesen will:

_____

_____

_____

_____

_____

_____

_____

Textstelle zum Vorlesen (Kapitel/Seite): _____

> **Vorlesetipps**
> – *deutlich und klar, aber nicht übertrieben sprechen*
> – *passende Lesegeschwindigkeit wählen*
> – *häufig kurze und längere Pausen machen*
> – *auf gute Betonung achten*

> **Vorlesezeichen**
> __ = *Betonung*
> / = *kurze Pause*
> // = *längere Pause*

4 Bereite deine ausgewählte Textstelle zum Vorlesen vor.

Checkliste für die Zuhörer

Die Einführung in das Buch ist so, dass man die Textstelle verstehen kann.

1	2	3	4	5	6
☐	☐	☐	☐	☐	☐
Ja					Nein

Die Textstelle wird sicher und flüssig vorgelesen.

1	2	3	4	5	6
☐	☐	☐	☐	☐	☐
Ja					Nein

Man merkt beim Vortragen, dass die Stimmung und Atmosphäre des Textes verstanden wurde und gut rübergebracht wird.

1	2	3	4	5	6
☐	☐	☐	☐	☐	☐
Ja					Nein

Eine Buchvorstellung planen und gliedern

Einen dialogischen Text im darstellenden Spiel gestalten

Die folgende Eulenspiegelgeschichte eignet sich gut für ein kleines darstellendes Spiel. Dazu muss die Geschichte in einen Dialog zwischen den auftretenden Figuren umgeschrieben und mit Spielanweisungen versehen werden. Außerdem muss der Text in einzelne Szenen eingeteilt werden.

Szenen:
Ausschnitte aus dem Geschehen, in denen die auftretenden Figuren aufeinandertreffen.

1 Lest zunächst die Eulenspiegelgeschichte aufmerksam durch.

Erich Kästner

Wie Eulenspiegel die Kranken heilte

Auftretende Figuren / Rollen:

– *Till Eulenspiegel*
– *Krankenhausverwalter*
– *Kranke*
– *Einwohner von Nürnberg*
– *...*

Requisiten:

– *Plakate*
– *Narrenkappe*
– *Tische als Betten*
– *...*

Till Eulenspiegel kam auch nach Nürnberg, und hier trieb er's ganz besonders bunt. Er klebte an die Kirchentüren und ans Rathausportal Plakate, auf denen er sich als Wunderdoktor ausgab.

Es dauerte auch gar nicht lange, da kam der Verwalter vom Krankenhaus zum Heiligen Geist anspaziert und sagte: „Sehr geehrter Herr Doktor! In unserem Spital liegen so viele Kranke, dass ich mir nicht mehr zu helfen weiß. Alle Betten sind belegt, und das Geld reicht vorn und hinten nicht. Können Sie mir keinen Rat geben?"

Eulenspiegel kratzte sich hinterm Ohr und antwortete: „Doch, doch, lieber Mann. Aber guter Rat ist teuer."

„Wie viel?", fragte der Verwalter.

Und Eulenspiegel sagte: „Zweihundert Gulden."

Zunächst blieb dem guten Mann die Luft weg. Und dann erkundigte er sich, was der Herr Doktor Eulenspiegel dafür leisten wolle.

„Dafür mache ich in einem einzigen Tag alle Kranken gesund, die im Hospital liegen! Wenn mir's nicht gelingen sollte, will ich keinen Pfennig haben."

„Ausgezeichnet!", rief der Mann, nahm Eulenspiegel auf der Stelle mit ins Krankenhaus und sagte den Kranken, der neue Doktor wolle sie alle heilen. Sie müssten sich nur genau nach seinen Vorschriften richten. Dann ging er ins Verwaltungsbüro und ließ Till mit den Kranken allein.

Eulenspiegel ging langsam von Bett zu Bett und unterhielt sich mit den Leuten. Er sprach sehr leise und geheimnisvoll mit jedem von ihnen. Und einem jeden sagte er das Gleiche.

„Ich will euch allen helfen", sagte er, „dir, mein Freund, und den anderen auch. Und ich weiß ein fabelhaftes Rezept dafür. Ich muss einen von euch zu Pulver verbrennen. Dieses Pulver müsst ihr dann einnehmen. Ich habe mir auch schon überlegt, wen von euch ich zu Pulver verbrennen werde: den Kränksten im Saal. Das wird das Beste sein, meinst du nicht auch? Na also." Dann beugte er sich noch tiefer und fuhr noch leiser fort: „In einer halben Stunde hole ich den Verwalter herauf. Der wird die Gesunden unter euch fortschicken. Es wird also gut sein, wenn du dich ein bisschen beeilst, mein Lieber. Denn den Letzten verbrenne ich leider zu Pulver. Die Sache will's!"

So ging er zu jedem und erzählte jedem das Gleiche.

5

10

15

20

25

30

Dann holte er endlich den Verwalter nach oben.
35 Und der Verwalter rief mit lauter Stimme: „Wer sich gesund fühlt, ist entlassen!"
In drei Minuten war der Saal leer! Alle rannten oder humpelten, so schnell sie nur irgend konnten, aus dem Krankenhaus hinaus. Solche Angst
40 hatten sie!
Es waren welche dabei, die seit zehn Jahren hier gelegen hatten.
Der Hospitalverwalter war sprachlos. Er raste ins Büro und brachte Eulenspiegel 220 Gulden.
45 Die streckte er ihm hin und sagte: „Zwanzig Gulden gebe ich Ihnen extra. Sie sind der beste Arzt der Welt."

„Stimmt", sagte Eulenspiegel. Damit meinte er den Geldbetrag. Er steckte ihn in die Tasche, empfahl sich und machte, dass er Nürnberg in den Rücken bekam.
50 Schon am nächsten Tag kehrten alle Kranken ins Hospital zum Heiligen Geist zurück und legten sich wieder in ihre Betten. Der Verwalter war außer sich. „Um alles in der Welt", rief er, „ich denke, er hat euch gesund gemacht?"
Da erzählten sie ihm, warum sie gestern davongelaufen waren und dass sich keiner habe zu Pulver verbrennen lassen wollen.
55 „Ich bin ein Esel", sagte der Verwalter. „Der Lump hat mich betrogen, und ich habe ihm sogar noch zwanzig Gulden mehr gegeben, als er verlangt hat!"

2 Bereitet nun gemeinsam das darstellende Spiel vor:
– Notiert, welche Figuren auftreten sollen, und verteilt die Rollen.
– Überlegt, welche Kostüme und Requisiten ihr für das Spiel braucht und wie ihr sie möglichst einfach bekommen könnt.
– Teilt die Geschichte in Szenen ein.
– Schreibt für jede Szene ein passendes Gespräch zwischen den Figuren auf. Dabei verwendet ihr die wörtliche Rede aus dem Text, die ihr natürlich mithilfe von Informationen aus dem Text und eurer Fantasie ergänzen und verändern könnt. (Diese Aufgabe könnt ihr in kleinen Gruppen bearbeiten.)
– Überlegt, was in den einzelnen Szenen genau geschehen soll und wie sich die Figuren verhalten. Formuliert entsprechende Spielanweisungen. Im Schülerband könnt ihr nachlesen, wie das geht (S. 194).

3 Erprobt, wie sich eure Gesprächstexte anhören und wie man sie am wirkungsvollsten vortragen kann (Lautstärke, Betonung, Gestik und Mimik).

4 Gestaltet euren Klassenraum so, dass er sich als „Bühne" eignet.

5 Führt das Spiel probeweise auf und besprecht, was ihr gut fandet und wo ihr noch etwas ändern wollt. Auch die Dialoge könnt ihr noch verändern.

6 Führt euer Spiel auch anderen Klassen oder auf einem Elternabend vor.

1. Szene:
Till Eulenspiegel klebt in der Stadt Plakate an.

2. Szene:
Der Krankenhausverwalter kommt zu Till Eulenspiegel.

3. Szene:
Der Verwalter stellt den Kranken den neuen Doktor vor.

4. Szene:
Till Eugenspiegel spricht mit den Kranken.

5. Szene:
Der Verwalter ruft und die Kranken rennen aus dem Krankenhaus.

6. Szene:
Till Eulenspiegel bekommt sein Geld und verlässt die Stadt.

7. Szene:
Die Kranken kommen wieder zurück.

Aus einer Schelmengeschichte ein Spielstück entwickeln

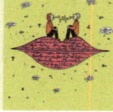
Gesprächsverhalten üben und beobachten

In Konfliktsituationen ist es wichtig, dass auch du deine Meinung äußerst und begründest. Dabei sind einige Regeln zu beachten, wenn du andere von deiner Meinung überzeugen möchtest. Das kannst du hier noch einmal üben.

Fußball oder Hip-Hop?

Klassengespräch in der 6b: Zwei neue Themen stellt die Sportlehrerin zur Auswahl: Hip-Hop-Dancing oder Fußball. Natürlich erhebt sich Geschrei von allen Seiten:

Nico *(brüllt gleich los):* So ein dämliches Tanzen mach' ich nicht mit, total uncool und nur was für Mädchen! Für uns Jungen kommt nur Fußball infrage, Hip-Hop könnt ihr in der Pfeife rauchen!

Luisa *(schreit zurück):* Ihr mit eurem dämlichen Fußball! Nur weil ihr im FC kickt, lehnt ihr alles ab, was nichts mit Fußball zu tun hat. Das ist wieder mal typisch Jungs!

Claudia: Fußball ist doch nichts für Mädchen, da langweilen wir uns total. Außerdem geben uns die Jungs keinen Ball ab, die überspielen uns doch!

Simon *(spöttisch):* Das kommt halt davon, wenn man Fußball immer ablehnt. Darüber braucht ihr euch dann nicht zu wundern!

Nico *(stimmt zu):* Das sehe ich genauso wie Simon. Ihr Mädchen habt's einfach nicht drauf im Fußball, das liegt Mädchen nicht.

Meike *(widerspricht):* Und wer ist Fußballeuropameister? Unsere Frauenmannschaft.

Sarah *(mischt sich aufgeregt ein):* Also, um das mal klarzustellen: Erstens sind nicht alle Mädchen gegen Fußball. Und zweitens spielen fünf Mädchen unserer Klasse im Sportclub Fußball, die können locker mit euch Jungs mithalten.

Simon *(genervt):* Ja, unsere Sarah, nur weil du Klassensprecherin bist, hast du noch lange nicht recht.

Nico *(stimmt zu):* Genau so ist es, Sarah soll einfach mal die Klappe halten!

Luisa *(ganz überzeugt, mit fester Stimme):* Ganz einfach: Fußball ist Mist, Hip-Hop ist genial!

Berkan *(spöttisch):* Da könnte ich ja gleich zum Bauchtanz gehen!

Julia *(richtig wütend):* So ein Blödsinn! Hip-Hop ist echter Leistungssport. Guck dir doch mal auf MTV oder Viva an, welche Kondition die Tänzer brauchen bei ihren Bewegungen.

Berkan *(sauer):* Julia, du hast gar nichts zu sagen. Wegen dir haben wir im letzten Völkerballspiel eine Schlappe eingesteckt.

Nico *(bestätigt Berkan):* Genau! Und außerdem ist Fußball cool. Wenn ihr Mädchen euch mit dem dämlichen Hip-Hop durchsetzt, machen wir einfach nicht mit oder nur Blödsinn.

Ein Streitgespräch untersuchen

Claudia *(wütend):* Also Nico, du bist unmöglich. Wir haben bei eurem zweitliebsten Spiel Handball schön brav mitgemacht und uns angestrengt. Jetzt könnt ihr dasselbe auch mal beim Tanzen machen.

Julia: Da fällt mir noch unsere Klassenfete ein. Wisst ihr denn nicht mehr, wie toll wir miteinander getanzt haben auf die CDs von Nico?

Claudio *(ruhig):* Darüber habe ich auch schon nachgedacht. Ich fand das super.

Violina *(ganz gelassen):* Ich finde, dass wir voneinander lernen könnten: Ihr Jungs von uns Hip-Hop, und ihr zeigt uns Fußballtricks.

Timo: Kannst sagen, was du willst: Hip-Hop ist Mist.

Julia *(vorwurfsvoll):* Und ihr redet ständig von Klassengemeinschaft. Das stelle ich mir anders vor! In einer Klassengemeinschaft einigt man sich auf etwas.

Violina *(ruhig):* Wir könnten doch einen Kompromiss schließen: Wir einigen uns auf vier Stunden Fußball und danach auf vier Stunden Hip-Hop. So kommen alle zu ihrem Recht. Was meint ihr?

...

1 Lest das Klassengespräch mit verteilten Rollen vor.
Die Zuschauer sollen anschließend ihre Meinung zu dem Gespräch sagen und Verbesserungsvorschläge machen.

2 Untersucht das Klassengespräch genauer: Welchen Aussagen könnt ihr zustimmen, welchen wollt ihr widersprechen? Begründet eure Einschätzung.

3 Schaut euch auch an, <u>wie</u> die Schüler ihre Äußerungen vorgebracht haben:
– Argumentieren sie sachlich und fair?
– Werden unsachliche oder unpassende Äußerungen gemacht?
– Gibt es sogar Beleidigungen und Beschimpfungen?
– Kommt es zu einer fairen Einigung?

4 Bereitet das Streitgespräch in einem Rollenspiel so vor, dass es sachlich und fair verläuft. Am Ende sollte es zu einer Einigung kommen, mit der alle leben können.

5 Sucht euch einen der folgenden Streitpunkte aus und bereitet ein Streitgespräch als Rollenspiel vor. Die Zuschauer geben anschließend eine Rückmeldung zum Verlauf des Gesprächs.
– Kinobesuch oder Besuch eines Klettergartens?
– Klassenfete mit oder ohne Eltern?

Das kann ich schon ...   ☺ ☺ ☹

• Ein Buch vorstellen.
• Einen Text flüssig und gut betont vorlesen.
• Aus einer Geschichte ein Spielstück machen.
• Eine Rolle in einem Spielstück darstellen.
• Meine Meinung in einem Streitgespräch sachlich und fair vertreten.

→ *Markiere die Aufgaben, die du noch einmal bearbeiten willst, um noch besser zu werden. Überlege, ob du dazu neue Texte brauchst. Lasse dich von deiner Lehrerin/deinem Lehrer beraten.*

Ein Streitgespräch als Rollenspiel führen, den Gesprächsverlauf reflektieren

Schriftliche Stellungnahmen formulieren

→ *Mit dieser Selbstein-schätzung kannst du jetzt besser bestimmen, welche der folgenden Seiten (S. 12–15) für dich zum Üben besonders wichtig sind.*

💡 **Das kann ich schon ...**   ☺ 😐 ☹

- Zu einem Thema Stellung nehmen.
- Meine Meinung aufschreiben und durch Argumente stützen.
- Argumente mit Beispielen verdeutlichen.
- Meinungen, Argumente und Beispiele unterscheiden.
- In einem Text Gedanken miteinander verknüpfen.

Manchmal musst du zu einem Thema persönlich Stellung nehmen. Dabei sollst du deine Meinung durch Argumente stützen und die Argumente mit Beispielen verdeutlichen. Das kannst du auf den folgenden Seiten üben.

Zunächst wird geübt, **Meinungen**, **Argumente** *und* **Beispiele** *zu unterscheiden.*

Sven aus der Klasse 6a ist nicht damit einverstanden, dass in der Schule heimlich geraucht wird:

> Ich finde, in den Pausen sollte strenger kontrolliert werden, ob Schüler rauchen. Denn jedes Mal, wenn die Pausenaufsicht nicht so genau darauf achtet und die älteren Schüler sich nicht beobachtet fühlen, nimmt die Zahl der Raucher sofort zu. Kurz vor den letzten Ferien wurde bei uns viel weniger kontrolliert. Da habe ich sogar Leute aus der 6b gesehen, die sich in der Schulhofecke eine angesteckt haben.   Sven

1 Bei Svens Stellungnahme sind die einzelnen Bestandteile schon mit unterschiedlichen Farben unterstrichen. Setze die gleichen Markierungen unter die Bezeichnungen für diese Bestandteile: *Argument, Meinung, Beispiel.*

2 Bei Nadine musst du die Bestandteile ihrer Stellungnahme selber finden. Unterstreiche sie genauso wie im Beispiel von Sven:

> Es muss auf jeden Fall verhindert werden, dass schon die ganz Jungen rauchen. Gerade für uns Jüngere ist Zigarettenrauch nämlich sehr schädlich. Es ist schließlich durch viele Untersuchungen festgestellt worden, dass wir schon durch normales Einatmen in verqualmten Räumen krank werden können.

*Hier wird geübt, **Meinungen** mit passenden **Argumenten** und **Beispielen** zu verdeutlichen.*

3 Die folgende Stellungnahme zum gleichen Thema ist unvollständig. Überlege, welches Argument und welches Beispiel von den Zetteln unten auf der Seite jeweils am besten passt, und ergänze es.

Ich finde, die Lehrer sollten darauf achten, dass Raucher nicht als coole Vorbilder angesehen werden.

_____ (Argument ergänzen)

_____

_____

Ich fände es zum Beispiel nicht besonders toll, als Raucher erwischt zu werden und dann zu einem Elterngespräch kommen oder nach dem Unterricht Zigarettenkippen aufsammeln zu müssen.
Außerdem denke ich, dass man in der Schule vor den Rauchern geschützt werden muss. Der Qualm ist nämlich lästig und gesundheitsschädlich für alle anderen, die selbst nicht rauchen.

_____ (Beispiel ergänzen)

_____

_____

Argumente:

> Denn wer sich um Verbote überhaupt nicht kümmert und keine Rücksicht auf andere nimmt, ist kein cooler Typ, sondern muss bestraft werden.

> Einige rauchen nämlich nur deshalb, weil sie damit vor anderen angeben wollen.

→ *Hinweise, wie du Begründungen formulieren kannst, findest du im Schülerband, S. 224/225.*

Beispiele:

> Einmal hat es zum Beispiel auf der Pausentoilette so nach Zigarettenrauch gestunken, dass ich es da nicht mehr aushalten konnte.

> Manchmal stehen jüngere Schüler bei den Rauchern und bekommen den ganzen Qualm ab.

*Hier wird geübt, **Gedanken** miteinander zu **verknüpfen**.*

In der 6a haben Schülerinnen und Schüler unterschiedliche Standpunkte zu ihren Freizeitbeschäftigungen aufgeschrieben. Sie sollten ihre Meinungen, Argumente und Beispiele mit verknüpfenden Ausdrücken verbinden.

> DVD-Filme finde ich viel besser als Bücher. Bücher kann man nämlich nur allein lesen, aber bei DVDs können sich meine Freunde und ich zusammen unterhalten lassen. Vor Kurzem haben wir uns auf einer Geburtstagsfeier gemeinsam einen ganz neuen Kinofilm angesehen und uns alle fast totgelacht.   Vadim

4   Suche in Vadims Stellungnahme Ausdrücke, mit denen Gedanken miteinander verknüpft werden, und markiere sie.

Bei Kim fehlen solche verknüpfenden Ausdrücke:

> Man kann durch Fernsehen und DVDs eine Menge Interessantes lernen. Wenn ich zu meinem Hobby etwas genau wissen will, kann ich besser die entsprechenden Sachbücher lesen. Da ist alles genau beschrieben, oft mit Fotos und Zeichnungen. Mein neues Aquarium habe ich ganz genau nach der Anleitung in einem Hobbybuch gebaut und eingerichtet.   Kim

> **Wörter, mit denen man Gedanken verknüpfen kann:**
>
> *nämlich   denn*
> *weil   zum Beispiel*
> *vor Kurzem   einmal*
> *da   außerdem*
> *auch   zwar – aber*
> *…*

5   Suche passende Ausdrücke aus der Liste in der Randspalte aus und schreibe damit Kims Text neu auf.

_____

_____

_____

_____

_____

_____

_____

_____

*Hier wird geübt, zu einem Thema **Stellung** zu **nehmen**.*

6 Die Stellungnahmen von Olaf und Birte sind ohne Begründungen noch nicht überzeugend. Ergänze sie. Du kannst dazu die Argumente und Beispiele von den Zetteln unten nutzen und auch eigene Argumente oder Beispiele hinzufügen. Denke daran, die einzelnen Bestandteile mit verknüpfenden Ausdrücken von Seite 14 zu verbinden.

Ich finde es manchmal ganz schön, wenn ich mich nach der Schule erst einmal vor den Fernseher setzen kann.   *Olafs Stellungnahme*

_____

_____

_____

Ich fühle mich in meinem Sportverein am wohlsten.   *Birtes Stellungnahme*

_____

_____

_____

_____

Argumente:
a) Ich bin nach Schulschluss so müde, dass ich mich auf nichts konzentrieren kann.
b) Bei uns ist dann meistens niemand zu Hause und ich kann selbst bestimmen, was ich sehen will.
c) Manchmal gibt es Sendungen, durch die ich noch gute Ideen für die Hausaufgaben bekomme.
d) Man kann beim Training neue Freundinnen und Freunde kennenlernen.
e) Ich messe mich gerne bei Wettkämpfen mit anderen.
f) Ich bleibe körperlich fit und steigere meine Leistungsfähigkeit.

Beispiele:
a) Mein Arzt hat mir bestätigt, dass ich mittags ein Leistungstief habe.
b) Als meine Mutter früher nach Hause kam, wollte sie sofort ihre Lieblingsserie sehen.
c) In einer Tiersendung wurde etwas über Katzen gezeigt. Zu dem Thema gab es gerade auch eine Hausaufgabe für Biologie.
d) Anita aus der Parallelklasse ist im selben Verein. Wir fahren jetzt immer zusammen zur Schule.
e) Für die Bezirksmeisterschaft habe ich hart trainiert und ich bin auf den dritten Platz gekommen. Das war ein toller Erfolg.
f) Bei der letzten Bergwanderung habe ich sogar besser durchgehalten als mein Vater. Früher kam ich immer völlig erschöpft bei der Hütte an.

7 Formuliere selbst Stellungnahmen zu Themen, die dich interessieren oder die in deiner Klasse diskutiert werden.

Eine spannende Geschichte überarbeiten

💡 **Das kann ich schon ...**   ☺   😐   ☹

- Eine Geschichte entwickeln und schreiben.
- Spannungsmacher in Geschichten entdecken.
- Eine spannende Geschichte überarbeiten.
- Mit Verzögerungen die Spannung halten.
- Mit Gedanken und Gefühlen den Leser in die Figuren hineinversetzen.
- Mit anschaulichen Verben und Adjektiven den Leser in das Geschehen hineinziehen.

Mit dieser Selbsteinschätzung kannst du jetzt besser bestimmen, welche der folgenden Übungsseiten (S. 16–19) für dich zum Üben besonders wichtig sind.

Anna erinnert sich an ihre Ferien auf einem Reiterhof. Daraus entstand ihre Geschichte (S. 17–19). Manches gefällt ihr schon ganz gut, manches kann man noch verbessern.

1 Lies zunächst die Geschichte, wie Anna sie in blauer Schrift aufgeschrieben hat, ohne die Überarbeitungshinweise.

2 Markiere, was dir besonders gefällt und gelungen ist.
Vergleiche dein Ergebnis mit anderen in der Klasse.

3 Bearbeite die Abschnitte von Annas Geschichte mit den angegebenen Hinweisen und Hilfen zwischen den Textabschnitten. Du kannst die Vorschläge nutzen, aber auch eigene Formulierungen finden.

Mache nach jeder Änderung die **Klangprobe**, indem du jeden Satz, den du veränderst, laut liest. Lies auch den vorhergehenden und den nachfolgenden Satz. Dann hörst du besser, ob die Sätze zusammenpassen.

(Überschrift)

In den Sommerferien war ich mit meiner Freundin Sari zwei Wochen auf einem Reiterhof. Eines Nachts wachte ich auf, weil ein Hund bellte und starker Wind ums Haus wehte. Ich schaute aus dem Fenster und sah, dass im Stall Licht brannte. Ich erstarrte vor Schreck, denn mir fiel sofort Lissi ein, mein Lieblingspferd.

➛ Hier kannst du die Spannung noch ein wenig halten, indem du eine **Verzögerung** ergänzt. Beschreibe kurz, was man vielleicht sonst noch sehen oder hören könnte: Schatten hinter einem Stallfenster, offene Stalltür, schnaubende Pferde, Geräusche durch den Wind …

_____

_____

_____

_____

Als ich mich vom ersten Schreck erholt hatte, zog ich mich an. _____

_____

Ich traute mich nicht, allein über den Hof zu gehen. Deshalb schlich ich ins Nebenzimmer zu meiner Freundin Sari. „Los, steh auf!", flüsterte ich. Aber sie brummelte

nur im Schlaf vor sich hin. _____

_____

Ich rüttelte sie heftig und rief gleichzeitig: „Beeil dich, im Stall stimmt was nicht!"

➛ Hier kann der Leser sich besser in die Ich-Erzählerin hineinversetzen, wenn du ihre **Gedanken und Gefühle** darstellst.
Wähle aus den folgenden Vorschlägen aus oder finde eigene Formulierungen. Setze sie passend in die Lücken ein:

– *Ich zitterte vor Aufregung, aber ich wollte auch Lissi helfen.*
– *„Ich muss nachsehen, Lissi darf nichts passieren!", dachte ich nur.*
– *Voller Panik dachte ich: „Ich muss sie unbedingt wach bekommen."*
– *Ich durfte doch jetzt keine Zeit mehr verlieren!*

Eine Geschichte überarbeiten, Schreibhinweise beachten

Sari sprang auf, zog sich an und wir schlichen über den _____ Hof.

Nur ein _____ Lichtschein aus einem Spalt der Stalltür

warf den _____ Schatten eines Strauchs auf das Pflaster.

Aus dem Stall drang das _____ Schnaufen und Trampeln der

Pferde und eine _____ Männerstimme rief: „Komm her, dich

werd' ich hier schon rauskriegen!"

→ *Hinweise zum Gebrauch der Adjektive findest du im Schülerband, S. 220/221.*

» Der Leser bleibt eher an der Geschichte interessiert, wenn das, was die beiden Mädchen erleben, möglichst „unheimlich" beschrieben wird. Dazu benötigst du besondere, **anschauliche Adjektive**.
Wähle aus den folgenden Vorschlägen aus oder finde eigene Formulierungen. Setze sie an den passenden Stellen ein:

Sari sprang auf, zog sich an und wir schlichen über den stockdunklen / einsamen / riesigen Hof. Nur ein fahler / stechender / schwacher Lichtschein aus einem Spalt der Stalltür warf den gespenstischen / unheimlichen / riesigen Schatten eines Strauchs auf das Pflaster.
Aus dem Stall drang das aufgeregte / nervöse / beunruhigende Schnaufen und Trampeln der Pferde und eine tiefe / herrische / drohende Männerstimme rief: „Komm her, dich werd' ich hier schon rauskriegen!"

Wir _____ vor Anspannung.
            (standen still)

Wollte der Lissi _____?
            (etwas antun)

Sicher könnte er auch uns _____.
            (unangenehm werden)

Aber wir mussten doch etwas unternehmen!

» **Mit anschaulichen Verben** kannst du den Leser in das Geschehen hineinziehen. Wähle aus den folgenden Vorschlägen aus oder finde eigene Formulierungen. Tausche sie gegen die Formulierungen unter den Linien aus.

Wir zitterten / schlotterten / bibberten vor Anspannung.
Wollte der Lissi entführen / stehlen / verletzen?
Sicher könnte er auch uns angreifen / bedrohen / überwältigen.
Aber wir mussten doch etwas unternehmen!

Eine Geschichte überarbeiten, Schreibhinweise beachten

Mir ging einiges durch den Kopf, was ich aus Büchern und Filmen kannte: Oft war da durch mutiges Eingreifen schon ein Pferd gerettet worden. Und wenn man zu zweit war, konnte meistens wenigstens einer entkommen und Hilfe holen. Diese Gedanken beruhigten mich aber nicht besonders.

➠ In diesem Abschnitt ist einiges überflüssig. Das unterbricht die Spannung und teilt nichts mit, was für das Verständnis der Geschichte wichtig wäre. Diese Teile lässt du weg. Vielleicht streichst du sogar den ganzen Abschnitt.

Wir sahen uns kurz an. Ohne noch weiter nachzudenken, rissen wir die Stalltür auf und stürmten gleichzeitig in die Boxengasse. Am Ende der Gasse stand Herr Wagner, der Besitzer des Reiterhofs, mit einer Decke auf den Armen. „Was macht ihr denn hier?", fragte er. „Da… dasselbe wollten wir auch fragen", stotterte ich verwirrt. Und Sari erklärte: „Wir dachten, hier wäre ein Einbrecher." Ein breites Lächeln erschien auf Herrn Wagners Gesicht. „Da liegt ihr gar nicht so falsch", sagte er …

➠ Hier muss eigentlich nichts bearbeitet werden. Aber es fehlt noch eine kurze **Pointe,** die die Geschichte am Schluss abrundet. Sieh dir das Bild unten auf der Seite an und ergänze die Pointe.

_____

_____

_____

_____

4 Kontrolliere deine Ergänzungen und Überarbeitungen noch einmal. Formuliere zum Schluss eine spannende Überschrift.

5 Wähle eine Aufgabe aus:

a Wie könnte Sari die Geschichte erlebt haben? Erzähle sie aus ihrer Sicht.

b Erzähle die Geschichte aus der Sicht von Herrn Wagner. Dazu musst du dir überlegen, warum Herr Wagner in den Stall gegangen ist, wen er dort getroffen hat, wie er den „Einbrecher" gefangen hat und wie er das Eintreffen der Mädchen erlebt.

Eine Geschichte überarbeiten, Schreibhinweise beachten

Einen informierenden Text schreiben

Im Schülerband (S. 75: „Die Schule der Hoffnung") hast du Weverton kennenge-lernt, der mit ganz besonderen Lebensumständen zurechtkommen muss.
Hier sollst du ihn in einem informierenden Text vorstellen.

1 Lies den Text noch einmal und mache dir Notizen zu folgenden Aspekten:
Name, Alter, Land, Familie, Wohnen, Essen, Tagesablauf, Schule.

_____

_____

_____

_____

_____

_____

Lena hat ihre Notizen genutzt und einen Informationstext begonnen:

Weverton, ein Straßenkind in Brasilien

Weverton ist ein Junge von 12 Jahren. Weverton lebt Tag und Nacht auf der Straße. Weverton ist schon seit zwei Jahren ein Straßenkind. Weverton hat eine Familie, aber Weverton will nicht über sie reden. Seine Familie kann sich wohl nicht um Weverton kümmern.

➜ *Hinweise auf die Umstellprobe findest du im Schülerband, S. 216 und 222/223.*

2 Der erste Abschnitt klingt etwas langweilig. Das liegt daran, dass Lena die Sätze immer mit dem Subjekt einleitet: *Weverton, Weverton …* Außerdem wiederholt sie den Namen ständig.
Stelle einige Satzglieder um und ersetze den Namen *Weverton* an einigen Stellen durch Pronomen (*er, ihn*).

_____

_____

_____

_____

Straßenkinder wie Weverton leben ganz anders als wir.
Sie schlafen nachts auf der Straße. (1) *Sie haben keine Eltern oder kein Zuhause.*
Schon zwei Jahre schlägt sich der Junge auf der Straße durch. (2) *Er ist nicht verzweifelt.*
Er besucht nämlich eine Schule. (3) *Sein Alltag sieht etwas besser aus als der Alltag vieler seiner Freunde.*
Morgens wird er von einem Auto der UNICEF abgeholt. (4) *Er kann dann die Schule besuchen.*

(1) **weil**

(2) **obwohl**

(3) **sodass**

(4) **damit**

3 In diesem Abschnitt könnten Sätze miteinander verbunden werden. Dazu müssen Konjunktionen eingesetzt und die Sätze umgestellt werden.
Setze die Konjunktionen, die am Rand stehen, in die Sätze ein und stelle die Sätze passend um.

➜ *Hinweise, wie du mit Konjunktionen Sätze verbinden kannst, findest du im Schülerband, S. 224/225.*

Straßenkinder wie Weverton leben ganz anders als wir. Sie schlafen nachts auf der

Straße, weil sie _____ *haben.*

_____

_____

_____

_____

_____

4 Schreibe den Text über Weverton auf einem Zusatzblatt zu Ende.
Nutze dazu deine Notizen.

5 Es ist schon verwunderlich, dass sich ein 12-jähriger Junge noch auf den Weihnachtsmann freut oder besonders gern den Clown spielt.
Wie würde Weverton dies wohl erklären? Schreibe als Weverton einen kurzen Brief auf ein Zusatzblatt:
Ja, es stimmt, ich freue mich …
Aber versetze dich mal in meine Situation …

Das kann ich schon …

	☺	😐	☹
• Informationen gezielt aus einem Text entnehmen, Notizen machen.			
• Einen informierenden Text überarbeiten.			
• Einen informierenden Text schreiben.			

Aus der Perspektive von Textfiguren schreiben

Hier kannst du noch einmal üben, Briefe oder E-Mails aus der Perspektive von Text- oder Buchfiguren zu verfassen und die Handlung weiterzuschreiben.
Du versetzt dich dazu in einzelne Figuren hinein (hier z. B. in Clemens, Sara, vielleicht auch Raff, Herrn Renninger) und empfindest nach, was sie wohl denken und fühlen.

Monika Severith

Die Neue

Die Tür des Klassenzimmers öffnete sich schwungvoll. Renninger trat ein, hinter ihm ein Mädchen. Lang und dürr war sie. Wie eine Bohnenstange. Clemens hatte sie noch nie gesehen. Renninger stellte seine Tasche auf dem Pult ab und schaute in die Runde.

„Guten Morgen allerseits! Das ist Sara, eure neue Mitschülerin", verkündete er.   5
Kauend grinste das Mädchen in die Klasse. Schulterlange, blonde Haare hingen ihr ausgefranst bis in die Augen.

„Da ist noch ein Platz frei." Mit ausgestrecktem Zeigefinger deutete Renninger auf den leeren Stuhl neben Clemens. Clemens glaubte, sich verhört zu haben. Seit zwei Jahren hatte er seine Bank mit niemandem mehr teilen müssen. Warum aus-   10
gerechnet jetzt?

Raff drehte sich zu Clemens um. Seine Augen zogen sich zu dünnen Schlitzen zusammen. „Eine Braut für die Strebersau!", höhnte er, und wie immer lachte die ganze Klasse. Clemens schaute weg. Nie hielt er Raffs Blick lange stand. Jedes Auge bewegte sich in eine andere Richtung. Ihn fröstelte.   15

Die Neue schlenderte an Clemens' Tisch und ließ ihre Schultasche fallen. Clemens zog seine Sachen zu sich und rückte zur Seite, so weit es ging. Wieso musste er auf einmal neben einem Mädchen sitzen?

Die Neue streckte ihre Spargelbeine aus. Sie klatschte das Mathebuch und ein Heft auf den Tisch, ohne eines davon aufzuschlagen. Sie tat gerade so, als ginge sie das   20
alles hier nichts an. Clemens beachtete sie nicht.

Renninger gab der Klasse Anweisungen, die Aufgaben von der Tafel abzuschreiben. Aus den Augenwinkeln beobachtete Clemens, wie seine Banknachbarin anfing, an einem Fingernagel zu knabbern. Ihre offenen Turnschuhe waren nicht mehr weiß, sondern grau und an den Nähten eingerissen.   25

Clemens schaute zur Tafel, aber er spürte die Blicke der Neuen auf sich. Sie rutschte auf dem Stuhl herum, dann streckte sie ihm die Hand entgegen.

„Madonna. Bin sitzen geblieben."

Clemens rührte sich nicht. Achselzuckend ließ sie die Hand sinken.

Ohne lange zu überlegen, löste er die Aufgaben. Dann schielte er wieder die Neue   30
an. Sie hatte noch nicht einmal angefangen. Ihre Haare waren fettig. Sie grinste ihn an.

Clemens blinzelte. „Was ist mit deinen Zähnen?"

Ihre vorderen Schneidezähne waren mit irgendwas überklebt.

„Cool, was? Hat sonst keiner." Mit der Zunge fummelte sie an ihren Schneidezäh-   35
nen herum. Clemens runzelte die Stirn. [...]

Eine Geschichte lesen

Inzwischen fragte Renninger nach den Lösungen. Die Neue schmatzte neben Clemens, und gerade, als er sich meldete, stieß sie ihm den Ellbogen in die Seite.

40 „Und jetzt meine Ultrariesenblase", flüsterte sie.

Sie pustete und ihre Wangen blähten sich auf. Ohne Probleme erreichte die Kaugummiblase die Größe eines Tennisballs. Ihr Gesicht lief rot an. Clemens sah abwechselnd von ihr zu Renninger. In dem Moment,

45 als der hauchdünne Gummiballon so groß war wie ein Handball, kam der Knall. Eine Sekunde lang war es totenstill. Clemens hielt die Luft an.

„Was war das?" Renninger drehte sich um. Der Reihe nach schaute er die Schüler an, bis sein Blick an der

50 Neuen hängen blieb.

„Sara? Sara Sebold? Ist das dein Einstieg in die neue Klasse? Dann komm bitte nach vorne. Wir wollen alle etwas von deiner Vorstellung haben."

Renninger verschränkte die Arme vor der Brust. Ver-

55 stohlen betrachtete Clemens seine Banknachbarin. Der Kaugummi klebte ihr im Gesicht und in den Haaren.

„Geile Strumpfmaske!", spottete Raff und grinste.

Renninger blieb ruhig. Die Neue rührte sich nicht. Sie verzog den Mund. Die Kau-gummimaske verzerrte ihr Gesicht zu einem Schweinskopf. Mit allen zehn Fingern

60 versuchte sie, den Kaugummi abzufummeln, aber das Zeug war zäh und blieb an ihrem Pony kleben. Ihre Fingernägel waren abgekaut und Clemens ekelte sich vor ihrem Anblick. Aber noch mehr ekelte er sich, als Madonna die Kaugummifetzen wieder in den Mund steckte. Nachdem sie ihr ganzes Gesicht befreit hatte, lachte sie angeberisch. „Ihr dürft Madonna zu mir sagen!"

65 Die Zahnlücke hatte sie schon wieder überklebt.

Einige Mädchen zeigten ihr einen Vogel und Raff stieß einen lauten Pfiff aus.

„Du darfst deinen Kaugummi in den Papierkorb befördern!", befahl Renninger.

Die Neue kaute und blies ihre Wangen auf. Mit beiden Armen stützte sie sich auf dem Tisch ab. Ihr T-Shirt rutschte nach oben. Sie trug kein Unterhemd. Was hatte

70 sie vor?

Sie warf den Kopf nach hinten, aber nur, um ihn sofort wieder nach vorne schnel-len zu lassen. In hohem Bogen spuckte sie aus. Mit einem peitschenden Laut schoss der Kaugummi durch den Gang. Alle schauten zu. Clemens schluckte.

Der Kaugummi flog weit. Drei Meter bestimmt, aber nicht weit genug. Mit einem

75 Plopp landete er. Renninger presste die Lippen aufeinander und starrte auf seine Halbschuhe.

Clemens begann zu schwitzen. Renninger ließ sich Zeit. Viel Zeit. Aber als er auf-sah, färbte sich sein Hals an einigen Stellen rot. So hatte Clemens ihn noch nie erlebt. Nicht einmal Raff hatte das geschafft. Renningers Stimme bebte. „Zielen

80 solltest du noch ein wenig üben. Entferne augenblicklich dieses widerwärtige Ding von meinem Schuh!"

Lässig schlurfte die Neue nach vorne. Die Schnürsenkel ihrer offenen Turnschuhe schnalzten über den Boden. Und als sei es das Selbstverständlichste von der Welt, kratzte sie den Kaugummi von Renningers Schuhspitze und steckte ihn sich wieder

85 in den Mund. Das war der Moment, in dem Clemens übel wurde.

1. Schritt: *Das eigene Textverständnis überprüfen.*

1 Überprüfe, wie du den Text verstanden hast. Welche der folgenden Sätze passen zum Inhalt der Geschichte? Kreuze an.

- ☐ Sara nennt sich selbst Madonna.
- ☐ Clemens freut sich, dass eine neue Schülerin in die Klasse kommt.
- ☐ Raff und Clemens sind Freunde.
- ☐ Der Lehrer unterrichtet gerade Mathematik.
- ☐ Der Kaugummi landet auf den Stiefeln des Lehrers.
- ☐ Sara ist lang und dürr.

2. Schritt: *Über das Verhalten der Figuren nachdenken und sich in ihre Gedanken und Gefühle hineinversetzen.*

2 Versetze dich in die Situation und Gefühlslage von Clemens und Sara hinein:
– Als Sara kommt, zieht Clemens seine Sachen zu sich und rückt zur Seite, so weit es geht. Warum tut er das wohl?

_____

_____

_____

– Sara verhält sich in der neuen Klasse ziemlich auffällig. Warum zeigt sie wohl so ein Verhalten?

_____

_____

_____

_____

3. Schritt: *Die Figuren miteinander Kontakt aufnehmen lassen.*

3 Wähle eine der folgenden Aufgaben aus:

a Stell dir vor, dass du Clemens bist. Schreibe einen Brief oder eine E-Mail an Sara und teile ihr mit, wie du ihr Verhalten während des Unterrichts empfunden hast. Du kannst ihr auch Fragen zu ihrem Verhalten stellen.
- Unterstreiche im Text alles, was du für deinen Brief bzw. für die E-Mail nutzen könntest.
- Schreibe den Brief oder die E-Mail auf einem Zusatzblatt. Die folgenden Formulierungsvorschläge kannst du dabei verwenden:

Sich in die Textfiguren versetzen, aus ihrer Perspektive schreiben

Hallo Sara,

*das war ja wohl ziemlich …, wie du dich heute Morgen verhalten hast. Ich …
Und dann … Was hast du dir eigentlich dabei gedacht? … Ich … Und was ich
dir noch sagen wollte: …*

b Stell dir vor, dass du Sara bist. Du denkst darüber nach, warum du dich am
Vormittag so verhalten hast und wie das auf Clemens gewirkt hat.
Du schreibst Clemens einen Brief oder eine E-Mail und teilst ihm deine Ge-
danken mit, weil du in Zukunft gut mit ihm auskommen möchtest.

Hi Clemens,

*heute Morgen … Ich hab genau gemerkt, dass … Eigentlich …
Aber als Neue in eurer Klasse … Vielleicht können wir … Auf jeden Fall …*

4. Schritt: *Den Text weiterschreiben.*

4 Stell dir vor, wie die Geschichte mit Clemens und Sara weitergehen könnte.
So kannst du beginnen:

*Am nächsten Morgen saß Clemens schon ziemlich früh auf seinem Platz und
wartete darauf, dass Sara in die Klasse kommen würde. Wie würde sie heute
wohl aussehen und wie würde sie sich verhalten? Allmählich füllte sich der
Klassenraum. Clemens hörte den Gong zur ersten Stunde. Da …*

> **Tipp**
>
> *Wenn du wissen willst,
> wie die Geschichte von
> Clemens und Sara
> tatsächlich weitergeht,
> dann lies das Buch „Das
> Bettelarmband".*

5. Schritt: *Die Texte überarbeiten.*

5 Tauscht die Texte, die ihr geschrieben habt, mit einem Partner oder einer
Partnerin und gebt euch gegenseitig Tipps, was ihr noch verbessern könnt.
Überarbeitet dann eure Texte.

Das kann ich schon …   ☺ ☺ ☹

- Einen Erzähltext genau lesen und verstehen.
- Mich in die Figuren des Textes hineinversetzen und ihre
  Gedanken und Gefühle nachempfinden.
- Textstellen, die ich für eine Aufgabe nutzen kann,
  herausfinden und unterstreichen.
- Aus der Perspektive von Figuren Briefe oder E-Mails
  schreiben.
- Einen Erzähltext weiterschreiben.
- Tipps zur Verbesserung von geschriebenen Texten geben.
- Eigene Texte überarbeiten.

Sich in die Textfiguren versetzen, aus ihrer Perspektive schreiben

Gedichte ergänzen

1 Notiere, was dir zum Monat April einfällt:
  – Was bringt dieser Monat für dich?
  – Was könnte im April passieren?
  – Wie ist das Wetter?

_____

_____

_____

2 Das folgende Gedicht sieht aus wie ein Lückentext. Lass deine Fantasie
spielen und fülle die Lücken – so, wie es dir einfällt und zum April passt.

April

Es kommt eine Zeit

mit Regen,

mit _____,

mit _____.

5 Mit Wind, der _____.

Der nimmt dem Mann den Hut vom Kopf.

Ei, ruft der Mann, wo _____?

Ei, ruft der Hut, wo _____?

Und ist schon ganz weit oben.

10 Der Hahn auf goldner Kirchturmspitz,

der denkt:

_____,

ein Hut _____,

ein Hut, der _____

15 und hat doch keine _____?

Jahreszeitengedichte sinnvoll ergänzen

3 In diesem Aprilgedicht werden drei Dinge wie Menschen dargestellt:
Sie denken, rufen und tun etwas. Welche drei Dinge sind das?

1. _____   2. _____   3. _____

4 Im Original hat dieses Gedicht drei Strophen von unterschiedlicher Länge.
Teile auch deine Gedichtfassung in drei Strophen ein.
Vergleicht anschließend eure Einteilungen und begründet, warum ihr sie so
angelegt habt.

5 Auch die folgenden Gedichtzeilen kannst du vervollständigen, wie es dir
gefällt, und dadurch eine bestimmte Stimmung zum Ausdruck bringen.
– Wähle jeweils ein Wort aus den vorgeschlagenen Lückenwörtern aus.
– Formuliere auch eine passende Überschrift.
– Überlege, ob du den Text in Strophen einteilen willst.

_____

(Überschrift)

_____ zieht durch mein Gemüt
Leise / Schrill / Einschläfernd

_____ Geläute.
Angenehmes / Nervendes / Liebliches

_____, _____ Frühlingslied,
Ertöne / Klinge / Dröhne   kleines / lautes / schrilles

_____ hinaus ins Weite.
Ertön / Kling / Dröhn

_____ hinaus, bis an das Haus,
Ertön / Kling / Dröhn

Wo die Blumen _____,
               wachsen / sprießen / keimen

Wenn du eine _____ schaust,
               Gärtnerin / Rose / Schnecke

Sag, ich lass sie _____.
               grüßen / küssen / gießen

6 Vergleicht eure Texte untereinander und mit den Originaltexten im
Lösungsteil (S. 2). Was habt ihr erwartet? Was überrascht euch?

7 Welche Stimmung kommt in den Originalgedichten zum Ausdruck?
Wo entdeckt ihr in den Originaltexten Sprachbilder und Personifizierungen?

Jahreszeitengedichte sinnvoll ergänzen, Sprachbilder und Personifizierungen erkennen

Sachtexte verstehen

Sachtexte enthalten interessante und nützliche Informationen, die du oft weiter nutzen kannst. Hier kannst du noch einmal üben, wie du aus Sachtexten gezielt Informationen herausarbeitest, um neue Texte zu schreiben.

Informationen suchen und Fragen beantworten

1 Lies zunächst nur die Überschrift und suche selbst eine Antwort auf die Frage: Schläft der Wald nachts?

2 Lies den Text einmal durch und gliedere ihn in Abschnitte. Gib jedem Abschnitt eine Überschrift.

Schläft der Wald nachts?

Ja, einige Tiere schlafen nachts, und nein, andere nicht. Sie werden sogar erst richtig munter, wenn es dunkel ist. Tiere, die tagsüber schlafen und nur in der Dämmerung und nachts wach sind, nennt man nachtaktiv. Alle, die nicht nachtaktiv sind, begeben sich zur Ruhe, wenn es dämmert. Marienkäfer, Laubfrosch oder Blaumeise schlafen nachts, viele ziehen sich in ihre Nester und Höhlen zurück. Das Eichhörnchen zum Beispiel schläft in seinem Kugelnest, dem Kobel. Eulen gehören zu den nachtaktiven Tieren. Wenn es dämmert, beginnen sie ihre Jagd auf Mäuse, Ratten und kleine Vögel. Wie viele nachtaktive Tiere hat die Eule ein sehr gutes Gehör. Sie hört

jedes noch so kleine Rascheln einer kleinen Maus. Und sie kann auch noch gut sehen. Ihre riesigen Pupillen lassen viel Licht in das Auge. Für eine Eule ist eine Nacht zehnmal heller als für uns Menschen. So viel Durchblick hat der Waschbär nachts nicht. Er kann zwar nicht besonders gut sehen, riecht und hört dafür aber bestens. Das reicht ihm völlig aus, denn als Allesfresser hat er eine große Auswahl an Nahrung: Ratten, Mäuse, Kaninchen und Vögel, aber auch Beeren, Eicheln und Obst. Einer der bekanntesten nächtlichen Jäger ist der Rotfuchs. Er ist neben dem Luchs, den es nur noch selten gibt, das größte Raubtier in unseren Wäldern. Aber nicht nur die Großen sind nachtaktiv, auch der Igel und die Waldmaus jagen im Schutz der Dunkelheit. Auch Insekten sind nachts unterwegs. Bei den Nachtfaltern erkennt man das schon am Namen: So heißen alle nachtaktiven Schmetterlinge. Anders als die Tagfalter haben sie einen kurzen, kräftigen, stark behaarten Körper. Einen nachtaktiven Käfer habt ihr in warmen Juninächten schon gesehen: den Leuchtkäfer. Bekannter ist er unter dem Namen „Glühwürmchen".

3 Was bedeutet „nachtaktiv"?

_____

4 Welche Tiere sind nicht nachtaktiv, welche sind nachtaktiv?

nicht nachtaktiv: _____

nachtaktiv: _____

5 Beantworte folgende W-Fragen:

a) Wann beginnen Eulen ihre Jagd?

_____

b) Welche Tiere jagen sie?

_____

c) Warum kann die Eule in der Nacht so gut jagen?

_____

6 Formuliere zu den anderen Tieren selbst W-Fragen. Dein Nachbar soll sie beantworten.

_____

_____

_____

_____

_____

_____

_____

7 Erkläre den Unterschied zwischen Tag- und Nachtfaltern.

_____

_____

_____

8 Erkläre die folgenden Begriffe:

Kobel: _____

Allesfresser: _____

Glühwürmchen: _____

Einen Sachtext durch W-Fragen erschließen und Fachwörter erklären

Informationen herausarbeiten und zum Schreiben nutzen

1 In dem folgenden Text geht es um den Beruf des Försters.
Bist du schon einmal einem Förster begegnet? Was glaubst du, was zu den Aufgaben eines Försters gehört? Mache eine Liste.

_____

_____

_____

2 Lies den Text und unterstreiche, was du Neues über den Beruf des Försters erfährst.

Lebenswerk Wald: Förster/Försterin

Bestimmt hast du ihn schon einmal getroffen: Du bist mit Freunden oder Eltern im Wald herumspaziert, und plötzlich habt ihr vor einem Mann mit Stiefeln, grüner Hose und grüner Jacke gestanden. Über der Schulter trug dieser Mann ein Gewehr und um seine Füße schnüffelte ein Rauhaardackel. „Das ist ein Jäger", hast du gedacht. Doch dann zog der grüne Mann eine Spraydose hervor und sprühte ein rotes Kreuz auf einen Fichtenstamm. Wie bitte, Graffiti im Wald? Und plötzlich fiel dir ein: Da waren ja ganz viele besprühte Bäume im Wald. Darf der das überhaupt?

Er darf, denn der Mann mit der Flinte war ein Förster. So nennen ihn die meisten Leute, obwohl er eigentlich korrekt als Diplomingenieur für Forstwirtschaft oder Diplomforstwirt zu bezeichnen wäre. Denn wer so sein Geld im Wald verdienen will, muss erst eine Menge lernen – entweder auf einer Fachhochschule oder einer Universität. Mindestens vier Jahre dauert die Ausbildung, schließlich muss ein Förster mehr können, als Bäume besprühen und Dackel durch die Gegend schleifen. Und eigentlich hat er nicht nur einen, sondern ganz viele Berufe.

Förster müssen die Pflanzen und Tierarten im

Wald kennen, fast wie ein Botaniker oder ein Zoologe. [...] Förster müssen aber auch erkennen, wann eine Pflanze oder ein Tier krank ist – wie ein Arzt. Sie müssen außerdem Tiere töten können, z. B. wenn diese den Wald ratzekahl leer fressen. Deshalb sind Förster auch Jäger. Und obendrein müssen sie ihr Holz und Saatgut verkaufen – wie ein Händler.

Obwohl der Wald ihr Lebenswerk ist, verbringen diese Menschen rund ein Drittel ihrer Arbeitszeit im Büro. Dort arbeiten sie z. B. an sogenannten „Hauungsplänen": Darin legen sie fest, wo welche Bäume gefällt werden. Denn viele Wälder werden bewirtschaftet, vergleichbar mit Feldern, auf denen gesät und geerntet wird. Es sollen z. B. nur so viele Bäume gefällt werden wie auch nachwachsen. Manche Bäume müssen allerdings auch geschlagen werden, ob es dem Förster gefällt oder nicht: nämlich dann, wenn sie zu krank sind, vom sauren Regen zerfressen, von schädlichen Pilzen befallen. Eine wichtige Aufgabe der Förster ist es auch, Wälder „umzubauen". Wo z. B. nur Fichten wachsen, in sogenannten Monokulturen, sollen andere Bäume gepflanzt werden: Buchen, Eichen oder Eschen. So wächst ein bunter Mischwald heran, der schöner aussieht als ein „Ein-Baum-Wald" und auch nicht so anfällig ist für Schädlinge. [...] Das dauert übrigens einige Jahrzehnte. Also bekommt ein Förster normalerweise sein Lebenswerk nie zu sehen.

3 Lies den Text jetzt noch einmal genauer. Erkläre zunächst folgende Begriffe aus dem Text:

→ Hilfen zur Erklärung schwieriger Wörter findest du im Schülerband, S. 63.

Graffiti im Wald: _____

Hauungsplan: _____

saurer Regen: _____

Wälder umbauen: _____

Monokultur: _____

Mischwald: _____

Ein-Baum-Wald: _____

4 Du sollst den Lexikonartikel zu „Förster/Försterin" überarbeiten und wichtige Informationen ergänzen.
– Beantworte dazu die Fragen a–c und notiere die Antworten.
– Schreibe den überarbeiteten Lexikonartikel auf ein Zusatzblatt.

Förster/Försterin
Person, die die Pflanzen und Tierwelt eines Waldes pflegt.

a) Die korrekte **Berufsbezeichnung** lautet gar nicht „Förster". Suche die korrekten Bezeichnungen im Text.

_____

_____

b) Wie wird man Förster? Beschreibe die **Ausbildung**.

_____

_____

_____

c) Im Text steht: „Und eigentlich hat er nicht einen, sondern ganz viele Berufe". Erkläre, was alles zu den Aufgaben eines Försters gehört.

_____

_____

_____

_____

Informationen herausarbeiten und zum Schreiben nutzen

1 Lies den Artikel über Igel einmal durch. Was bedeutet die Überschrift?

Kleine Spießer

Stellen wir uns einmal vor, es gäbe ein Sternzeichen „Igel". Dann würde sich die Charakterbeschreibung der im Zeichen des Igels Geborenen wahrscheinlich so lesen:

5 „Die Einzelgänger sind ebenso friedlich wie furchtlos, halten Artgenossen und andere Lebewesen jedoch lieber auf Distanz. Selten sieht man Igel zu zweit. Selbst nach der Paarung verlassen die Männchen die Weibchen meist sofort.

10 Wenn es dunkel wird, beginnt für den Igel der Tag. In der Regel zieht er zweimal pro Nacht durch sein Streifgebiet: etwa zwischen 18 und 21 und zwischen Mitternacht und drei Uhr. Sein Revier teilt er mit Artgenossen, sein Nest nicht."

15 Nun gibt es zwar kein Igel-Sternzeichen, doch immerhin brachte der Igel es schon bei den Brüdern Grimm als Märchenfigur in „Der Hase und der Igel" zu Ruhm und Ehre. Später wurde er gar Held der „Mecki"-Comics. Vor allem aber ist sein Stachelkleid 20 seit Generationen Vorbild für eine fesche Frisur, den gleichnamigen Igel eben.

Während der Kurzhaarschnitt jedoch täglich aufs Neue mit Unmengen Gel in Form gebracht werden muss, steuert der Braunbrustigel, wie er mit vollem 25 Namen heißt, seine rund 5000 Stacheln mit Muskelkraft. Ist er entspannt, liegen diese flach am Rücken an. Aber wehe, es droht Gefahr! Dann wird der Igel zum Kaktus unter den Tieren – und die Stacheln richten sich steil auf. Spitzt sich die Lage weiter 30 zu, zieht er sich gar selbst das Fell über die Ohren und verschwindet komplett unter seinem pieksenden Panzer: Kopf, Rumpf, Hinterteil, alles wird zusammengequetscht. Muskeln ziehen die stachelige Oberseite über die pelzige, verletzbare Bauchseite 35 des Säugers.

Ein beinahe perfekter Schutz: Der Igel hat außer großen Eulen und Dachsen kaum andere natürliche Feinde. Füchse, Hunde oder Katzen zum Beispiel scheuen sich, dem „Nadelkissen" zu nahe zu kom-40 men. Dem Igel selbst sind die Stacheln allerdings auch hin und wieder im Weg – vor allem bei der Körperpflege. Scharen von Flöhen, Milben und Zecken nisten sich auf seinem Rücken ein, manchmal bis zu 1000 Stück pro Tier!

Und dann ist da noch der Mensch, der dem Igel das 45 Leben zumindest in der Stadt schwer macht. Denn die Hälfte der Tiere stirbt auf der Straße: Einrolltaktik und Stacheln sind auf Asphalt wenig nützlich. Mit seinen kurzen, stämmigen Beinen schafft ein Igel zwar beachtliche 10 km pro Stunde – ist aber 50 entschieden zu langsam, um vor den Autos zu fliehen, die über die Straße brausen.

Viel besser also ist er, wie erwähnt, in Parks und Gärten aufgehoben. Dort tippelt er schnaufend und niesend durch das Unterholz, freut sich als bekennender 55 Insekten- und Kriechtierfresser über Leckerbissen wie Käfer, Würmer und Nacktschnecken oder gräbt sich mit seinen kräftigen Krallen hier und da ein Nest, das er ein wenig schlampig mit Gras, Blättern und Zweigen polstert. Wenn es im Spätherbst kälter 60 wird, bettet sich der Igel zum Winterschlaf. Atmung und Stoffwechsel laufen dann im Energiesparmodus, und der Igel zehrt von seinen Fettreserven. Etwa alle zwei Wochen muss er trotzdem aufstehen, um aufs Klo zu gehen und den ein oder anderen Happen auf-65 zustöbern und zu verschlingen. Ansonsten wartet der kleine Spießer im Tiefschlaf auf die ersten warmen Nächte, in denen ihm schmackhafte Schnecken und Würmer vor die Schnauze kriechen. Nächte eben, die unter einem guten Stern stehen. 70

2 Welche Informationen über Igel enthält der Text? Unterstreiche die Informationen im Text oder mache dir Notizen auf einem Zusatzblatt. Ihr könnt den Text auch in Gruppen bearbeiten.

➡ Sachtexte in Gruppen erschließen: Schülerband, Seite 64

3 Der Igel wird in diesem Artikel mit einer Reihe von Begriffen charakterisiert. Erkläre die Begriffe:

Einzelgänger: _____

Nachtschwärmer: _____

➡ Hilfen zur Erklärung schwieriger Wörter findest du im Schülerband, S. 63.

Kaktus unter den Tieren: _____

4 Welche weiteren Bezeichnungen für Igel verwendet der Verfasser noch? Schreibe zwei heraus. Vergleicht anschließend eure Lösungen.

_____

5 Der Text enthält schwierige Wörter (z. B. „Stachelkleid", „Einrolltaktik", „Kriechtierfresser").
Welche Wörter sind für dich schwer verständlich? Unterstreiche sie im Text und klärt im Gespräch gemeinsam ihre Bedeutung.

6 Nutze deine Informationen und ergänze den Steckbrief über Igel in der Randspalte. Arbeite auf einem Zusatzblatt.

7 Nutze die Informationen aus dem Steckbrief und schreibe auf einem Zusatzblatt einen Informationstext oder einen Lexikontext über Igel.

8 War der Text leicht oder schwer zu lesen? Begründe deine Meinung.

9 Was findest du am Artikel über Igel am interessantesten? Warum?

Steckbrief: Igel

Größe: bis zu 32 cm
Gewicht: 450–700 Gramm
Aussehen: ...
Lebensweise und Verhalten: ...
Nahrung: ...
Fortpflanzung: nach 35 Tagen 4–5 Igeljunge
Alter: bis zu 7 Jahren
Feinde: ...
Besondere Merkmale: ...

Das kann ich schon ...   ☺ 😐 ☹

- Texten und Abschnitten eine Überschrift geben.
- W-Fragen zu einem Text beantworten.
- Bestimmte Informationen im Text finden und wiedergeben.
- Selbstständig W-Fragen an einen Text stellen und beantworten.
- Wörter aus dem Textzusammenhang erklären.
- Eigenes Wissen mit neuen Textinformationen vergleichen.
- Fragen zu einem Text schriftlich beantworten.
- Informationen aus dem Text zum Schreiben nutzen (z. B. Steckbrief, Lexikonartikel).

➡ Markiere die Aufgaben, die du noch einmal bearbeiten willst, um noch besser zu werden. Überlege, ob du dazu neue Texte brauchst. Lasse dich von deiner Lehrerin/deinem Lehrer beraten.

Einem Sachtext gezielt Informationen entnehmen und zum Schreiben nutzen

Informationen aus Sachtexten verstehen, vergleichen und bewerten

Häufig musst du im Unterricht Informationen aus verschiedenen Texten heraussuchen und miteinander vergleichen. Das kannst du auf diesen beiden Seiten noch einmal üben.

So können Aufgaben lauten, die dir zu Texten gestellt werden:

1. *Lies den Text „Kinder tappen in die Handyfalle" und finde heraus, was du dort erfährst.*
2. *Lies den zweiten Text „Handyfallen: Tipps für Kids" und überprüfe, wie die Informationen aus diesem Text zum ersten Text passen.*
3. *Nimm Stellung zu der Behauptung: „Es ist doch total übertrieben, dass besonders Kinder so leicht in die Handyfalle laufen."*

Kinder tappen in die Handyfalle

Immer mehr Eltern ärgern sich über Werbeaktionen von Unternehmen, die sich direkt an Kinder wenden.

Besonders die Handywerbung bereitet den Eltern
5 Kopfzerbrechen. Ganz oben auf dem Wunschzettel der meisten Kinder steht nämlich das Handy. Schon gibt es Anbieter, die Kinderhandys für Vierjährige anbieten. Doch sind sich viele Kritiker einig, dass ein Kind zumindest lesen und schrei-
10 ben können sollte, bevor es das eigene Handy in der Hand hält.

Wie schnell ein Handy in Kinderhänden oder in Händen von Jugendlichen zur Kostenfalle werden kann, zeigen die folgenden Beispiele: Eltern gin-
15 gen wegen einer Handyrechnung ihres Kindes vor Gericht. In einem Fall kam es zu einer Gerichtsentscheidung. Im Jahr 2006 stand in einer bekannten Jugendzeitschrift eine Anzeige für Handy-Klingeltöne. Der Anbieter hatte in der Werbung nur
20 angegeben, dass das Herunterladen 1,86 € pro Minute kostet. In Wirklichkeit mussten die Kinder aber 3,40 € bezahlen, weil das Herunterladen 110 Sekunden dauerte. Das Gericht entschied, dass der Anbieter die Unerfahrenheit der Kinder
25 ausgenutzt habe. Gerade Kinder müssten ja erst noch lernen, mit ihrem Geld umzugehen.

Handyfallen: Tipps für Kids

Verbraucherschutzzentralen weisen immer wieder auf typische Handyfallen hin.
Sie raten Kindern und Jugendlichen: Schützt euch vor dem gefährlichen Speck!

5 1. Vermeide das Telefonieren mit Telefondiensten. Der Minutentakt ihrer Nummern (0900/0180) ist sehr teuer.

2. Sei vorsichtig bei einem Telefonvoting: Eine Abstimmung für den Superstar kommt dich teuer zu stehen – bis zu 1,39 € pro Minute! 10

3. Falle nicht auf Gewinnversprechungen wie z. B. „Du hast eine Playstation gewonnen" herein. Dein Rückruf kann teuer werden.

4. Vorsicht beim Herunterladen von schönen Klingeltönen: Der erste Ton mag noch gratis sein, 15 die folgenden Töne aber nicht mehr.

5. Informiere rechtzeitig deine Eltern, wenn du möglicherweise einen Fehler gemacht hast.

1 Lies den Text „Kinder tappen in die Handyfalle" und finde Überschriften zu den Abschnitten. Schreibe sie auf ein Zusatzblatt. Notiere unter jeder Überschrift ein paar Stichwörter zum Inhalt des Abschnitts.

2 Lies den Text „Handyfallen: Tipps für Kids".
Fasse die Ratschläge in Stichwortsätzen zusammen. Schreibe sie ebenfalls auf dein Zusatzblatt.

3 Lies die folgenden Aussagen zum Inhalt der beiden Texte:

☐ *Kinder sind unerfahren und fallen schnell auf Lockangebote herein.*
☐ *Die meisten Kinder haben bereits ein Handy oder wünschen es sich.*
☐ *Handys in Kinderhänden können schnell zu hohen Kosten führen.*
☐ *Das Telefonieren mit Telefondiensten soll man möglichst vermeiden.*
☐ *Viele Eltern sind verärgert über die Telefonanbieter.*
☐ *Klingeltöne herunterladen kann teuer werden.*

Suche zu diesen Aussagen passende Textstellen und markiere sie.
Kreuze dann an, welche Aussagen so oder ähnlich in <u>beiden</u> Texten vorkommen.

4 Nutze deine Notizen und schreibe einen kurzen Text. Arbeite auf einem Zusatzblatt. Formulierungshilfen:

Beide Texte beschäftigen sich mit …
Im ersten Abschnitt des Textes „Kinder tappen in die Handyfalle" wird berichtet, dass sich die Eltern …
Anschließend geht es um die Anbieter. Sie …
Der letzte Abschnitt nennt ein Beispiel, nämlich …
Der zweite Text gibt Ratschläge: …
Die beiden Texte ergänzen sich, denn beide …
Während Text 1 mehr … schildert, will Text 2 …
Ich bin der Meinung, dass die Behauptung …

5 Suche den Tipp zum Umgang mit Handyfallen heraus, der für dich am wichtigsten ist, und begründe deine Auswahl. Greife dabei auf deine eigene Erfahrung oder die Erfahrung anderer zurück.

Das kann ich schon … | ☺ | 😐 | ☹

- Überschriften zu Textabschnitten finden.
- Stichwörter zu Textinhalten notieren.
- Inhalte verschiedener Texte vergleichen.
- Zu einer Behauptung Stellung nehmen.
- Meine Arbeitsergebnisse schriftlich zusammenfassen.

Fragen zu einer Geschichte beantworten

Hier kannst du dein Textverstehen trainieren. Um einen Text gut zu verstehen, kannst du zunächst über die Erwartungen nachdenken, die du an den Text hast, und dann versuchen, Fragen zu dem Text zu beantworten.

1 Lies die Überschrift der Fabel und notiere kurz, was du erwartest.

_____

_____

2 Lies nun den Text aufmerksam durch.

*Jean de La Fontaine
(1621–1695): französischer
Schriftsteller und Fabel-
dichter*

Jean de La Fontaine

Von zwei starrköpfigen Ziegen

Zwei Ziegen kehrten von der Weide nach Hause zurück. Frohgemut ging eine jede ihres Wegs, denn beide hatten sich gut gesättigt. Sie begegneten einander beim Bach auf einem schmalen Steg, unter dem eiskaltes Wasser murmelnd dahinströmte. Jetzt standen sie einander gegenüber, so dicht, dass sie ihren Atem spürten.

5 „Ich weiche nicht aus", dachte die erste Ziege bei sich und stampfte zornig mit ihren harten Hufen.

Die zweite Ziege war um nichts vernünftiger.
„Geh mir aus dem Weg", meckerte sie eigensinnig.
„Warum sollte ich dir aus dem Weg gehen?", sagte
10 die erste Ziege und sah finster drein, dass man Angst vor ihr bekommen konnte. „Weiche du aus!"
Die zweite Ziege ließ sich nicht Bange machen. „Ich weiche nicht aus! Das könnte ein jeder sagen."
15 „Wirst du aus dem Weg gehen oder nicht?", ärgerte sich die erste Ziege.
„Nee-ee, nee-ee!", meckerte starrköpfig die zweite Ziege.
„Wir werden sehen, wer stärker ist", gebärdete
20 sich die erste Ziege drohend, stemmte sich gegen die Balken und stand fest und regungslos da.
Zwei Paar Hörner schlugen heftig aufeinander, stießen blindlings aufeinander ein. Das konnte natürlich nicht gut ausgehen. Starrköpfigkeit und Eigensinn hatten beide geblendet. Da wankten auch schon die
25 bockbeinigen Ziegen, taumelten plötzlich, verloren das Gleichgewicht und bums, pardauz! plumpsten sie in das eiskalte Wasser.
Dort kühlten sie ihren Zorn, nachdem sie ordentlich gebadet und viel Wasser geschluckt hatten. Aber vom Wasser war noch so viel übrig geblieben, dass sie darin auch ihre Starrköpfigkeit ertränken konnten.

Eine Fabel fragegeleitet untersuchen

3 Beantworte die folgenden Fragen und lies dazu den Text noch einmal sorgfältig durch. Unterstreiche zunächst die Textstellen, die für die Antworten von
Bedeutung sind, und notiere dann die Antworten.

a) Welche Fabelfiguren kommen vor und was erfährst du über sie?

_____

_____

b) An welchem Ort spielt die Fabel?

_____

c) Welches Problem haben die beiden Ziegen?

_____

_____

d) Warum finden die Ziegen keine Lösung für ihr Problem?

_____

_____

e) Wie ist die Fabel aufgebaut?

Situation:

↓

Handlung:

↓

Ergebnis:

↓

Lehre:

Eine Fabel fragegeleitet untersuchen

f) Mache dir noch einmal Gedanken über die Fabel. Was meinst du zum Verhalten der beiden Ziegen?

_____

_____

_____

4 Fasse die Ergebnisse deiner Textuntersuchung aus Aufgabe 3 schriftlich zusammen. Mache es so, wie du es im Schülerband auf Seite 173 gelernt hast.

_____

_____

_____

_____

_____

_____

_____

_____

_____

_____

_____

_____

_____

_____

Die Arbeitsergebnisse schriftlich darstellen

5 Entwirf ein Gespräch zwischen den beiden Ziegen, nachdem sie „ihre Starrköpfigkeit ertränkt" haben. Schreibe auf einem Zusatzblatt.

6 Sicher hast du auch schon einmal solch starrköpfige Mitmenschen erlebt.
Schreibe eine entsprechende Parallelgeschichte und entscheide, ob die
Menschen eine Möglichkeit finden, sich zu verständigen.

Mögliche Orte und Situationen:

Schüler an der Tischtennisplatte
auf dem Pausenhof …

Autofahrer streiten um die letzte
Parklücke …

Zwei Kunden wollen unbe-
dingt dasselbe Sonderangebot
haben …

➤➤ Lest die entstandenen Geschichten mit verteilten Rollen vor. Bringt dabei
durch Lautstärke, Tonfall und Sprechtempo die Stimmung zum Ausdruck.

7 Wende das, was du hier geübt hast, auf eine weitere Fabel an, z. B. auf
– Der Hahn (Schülerband, S. 166),
– Vom Raben und Fuchs (Schülerband, S. 168),
– Die Grille und die Ameise (Schülerband, S. 174).

Das kann ich schon …   ☺ 😐 ☹

• Eine Fabel genau lesen und verstehen.
• Auf Fragen zu einem Text Antworten geben.
• Den Aufbau einer Fabel erkennen und beschreiben.
• Zu einer Fabel eine passende „Lehre" formulieren.
• Eine Fabel untersuchen und die Ergebnisse in einem
  zusammenhängenden Text aufschreiben.
• Zu einer Fabel eine Parallelgeschichte schreiben.

Eine Fabel weiterdenken, Paralleltexte schreiben, Fabeln untersuchen

Wörter haben mehrere Bedeutungen

1 Schau dir das Bild an. Kannst du den Witz erklären? Wenn du Hilfe brauchst, lies den Wörterbuchartikel.

Und so etwas nennen sie nun „Pferd"!

Pferd, das , -e;
1. großes Säugetier mit Hufen und einem Schwanz, auf dessen Rücken man reiten kann.
Das Pferd galoppiert über die Wiese.
2. Figur im Schachspiel ~ Springer.
3. Turngerät mit vier hölzernen Beinen, an dem geturnt wird.
Die Schüler turnen am Pferd.

2 Lies den folgenden Witz und erkläre das Missverständnis:

In der Klasse 6 wird ein Diktat geschrieben.
Fragt die Lehrerin: „Kommt ihr auch mit?"
Fragen die Schüler: „Wohin denn?"

a) Unterstreiche das Wort, das mehrdeutig ist.
b) Notiere das mehrdeutige Wort mit seinen Bedeutungen.

_____   1. Bedeutung: _____
mehrdeutiges Wort   2. Bedeutung: _____

3 Lies auch die folgenden Witze und erkläre die Missverständnisse. Unterstreiche jeweils das mehrdeutige Wort.

Treffen sich zwei Klempner.
„Gestern habe ich 60 Meter Rohre verlegt!"
Darauf der andere: „Mach dir nichts draus, die finden wir schon wieder."

Trifft eine Kerze eine andere Kerze. Sagt die eine zur anderen:
„Und was machst du heute Abend noch?"
Sagt die andere Kerze: „Ich glaube, ich gehe aus."

Rita schwimmt im See. Auf einmal ruft sie: „Hilfe, ich habe keinen Grund!"
Da ärgert sich ihr Bruder: „Was schreist du, wenn du keinen Grund hast?"

Treffen sich zwei alte Freunde. Fragt der eine:
„Na, Karl, wie geht es dir denn?" – „Ich kann nicht klagen, ich habe ein Geschäft aufgemacht."
„Womit?" – „Mit einem Brecheisen!"

4 Suche dir zwei Witze aus und schreibe zu den mehrdeutigen Wörtern Erklärungen wie im Wörterbuch. Vergleicht anschließend eure Texte.

Missverständnisse erkennen und Mehrdeutigkeiten entschlüsseln

Wortzusammensetzungen entschlüsseln

1 Lies den Text und unterstreiche alle zusammengesetzten Nomen. Ein Beispiel ist vorgegeben.

Traumhaus Baumhaus

USA. Ein Baumhaus bauen? Klar, ganz einfach: Man nagelt ein paar Bretter in den Kirschbaum, verlegt einen alten Teppich, baut ein Dach, kauft eine Strickleiter – und fertig ist ein einfaches Baumhaus. Zum Spielen und Verstecken reicht das völlig aus. Rund um die amerikanische Stadt Los Angeles baut eine Firma jetzt
5 Luxus-Baumhäuser für Reiche – und die haben mit selbst gezimmerten Bretterbuden nichts mehr zu tun. Sie sind so groß wie ein Wohnzimmer und sehen aus, als wäre ein Raumschiff im Baum gelandet. Ungefähr 14000 Euro kostet so ein Luxushaus – leisten können sich das nur Filmproduzenten oder Popstars. Wer keinen Baum hat, dem bietet die Firma an: „Kein Problem, wir stellen Ihnen das Haus auch
10 einfach in den Garten."

2 Erkläre die zusammengesetzten Wörter. Arbeite auf einem Zusatzblatt weiter, wenn der Platz nicht ausreicht.

a) Ein Traumhaus ist ein Haus, von dem man träumt.

b) Ein Baumhaus ist ein Haus _____

_____

_____

_____

„Verzeihung, können Sie mir sagen, wo der Riesenslalom stattfindet?

3 Schau dir die gezeichneten Witze an. Was wird hier falsch verstanden?

Riesenslalom

richtige Bedeutung: _____

falsch verstanden: Slalom für Riesen

_____

richtige Bedeutung: _____

falsch verstanden: _____

„Was heißt hier Wachskerzen? Die werden doch immer kleiner!"

_____

richtige Bedeutung: _____

falsch verstanden: _____

„Also, sind das nun Parkanlagen oder nicht?"

Redensarten verwenden

Galina und Jessica gehen erst um 22 Uhr abends von einer Party nach Hause.
Galina: „Jetzt wird meine Mutter vor Wut kochen."
Jessica antwortet: „Du hast's gut, ich kriege um diese Zeit nie was Warmes zu essen!"

1 Erkläre das Missverständnis: Was hat Galina gemeint? Was hat Jessica verstanden?

2 Welche Redensart passt zu welcher Situation? Trage sie in die Lücke ein.
die Flinte ins Korn werfen   jemandem die Würmer aus der Nase ziehen
aus einer Mücke einen Elefanten machen   außer Rand und Band sein

„Na, wie war dein Tag, wie war es heute in der Schule?" – „Okay."
„Habt ihr denn die Deutscharbeit zurückbekommen?" – „Nö."
„Und wann bekommt ihr sie zurück?" – „Hm."

„Also wirklich, jetzt _____.
So kann man sich doch nicht unterhalten!"

„Jetzt haltet doch endlich mal den Mund! Was ist denn los mit euch,

_____", ruft

die Lehrerin entnervt in die 6b, die heute mal wieder kaum dem Unterricht folgt, sondern nur Blödsinn macht.

„Mama, Frau Schmidt ist so gemein! Ich hab überhaupt nichts gemacht, aber sie hat es auf mich abgesehen! Sie nimmt mich immer nur an die Reihe, wenn sie genau weiß, dass ich die Antwort nicht weiß", jammert Lina ihrer Mutter vor. Die will sie beschwichtigen:
„Ach was, _____
Bestimmt war das reiner Zufall. Frau Schmidt ist eine sehr nette Lehrerin. Ich bin sicher, dass sie nichts gegen dich hat."

Tim lernt zusammen mit seinem Freund Stefan, dem Mathe-Ass, für die Mathe-arbeit am nächsten Tag. Nach einer Stunde Kopfzerbrechen knallt er genervt sein Heft auf den Tisch und sagt: „Ich hab' keine Lust mehr, ich kapiere das niemals!"
Doch Stefan ermutigt ihn:

„Jetzt _____!
Komm, ich erklär es dir noch einmal. Du schaffst das schon."

3 Suche andere Redensarten und denke dir eine Situation aus, in der man sie verwenden kann. Du kannst daraus auch eine Einsetzaufgabe für deine Mit-schüler machen (wie Aufgabe 2).

Andere Sprachen – andere Wörter

Heiß und fettig – Pommes frites

„Pommes frites" sagen Belgier und Franzosen, von „french fries" sprechen die Amerikaner, von „chips" die Briten. Die Deutschen bestellen „Pommes" oder „Fritten" an der Imbissbude. Bloß: Wo wurden die fingerlangen, schmalen Kartoffelstücke, die getrocknet, in heißem Öl frittiert und leicht gesalzen werden, eigentlich erfun-
5 den? In Frankreich, behaupten die Franzosen. In Belgien, entgegnen die Belgier. Letztere erzählen, dass die Anwohner der Maas im 18. Jahrhundert auf die Idee kamen, Kartoffelscheiben in Öl zu garen, weil sie im Winter nicht in dem zugefrorenen Fluss angeln konnten. Die Franzosen erwidern, sie hätten zur selben Zeit den gleichen Einfall gehabt, und auf den Jahrmärkten stellten sie tatsächlich schon
10 früh Pommesbuden auf. Sicher ist immerhin: Das weltweit erste Frittenmuseum hat im belgischen Brügge eröffnet.

1 Was steckt hier in der Tüte? Trage die Bezeichnungen in die Tabelle ein.

Sprache	Wort
Französisch	
Deutsch	
Amerikanisch	
Englisch	

2 Ein Wort aus der Tabelle hat im Deutschen eine andere Bedeutung.

a) Welches Wort ist gemeint? _____
b) Welche Bedeutung hat dieses Wort im Deutschen?

_____

3 Erzähle, was du über die Geschichte der Pommes frites erfährst.

4 Aus welchen Sprachen stammen die folgenden Essens-Wörter?
Döner Pizza Ketchup Hamburger Donut Sushi Kebab Soljanka Curry Tapas Porridge Makkaroni Gyros Pudding Toast

5 Suche dir eine Speise heraus. Recherchiere im Internet und schreibe eine ähnliche Erklärung wie die zu „Pommes frites".

Wörter aus verschiedenen Sprachen vergleichen, die Herkunft von Wörtern ermitteln

Ohne Präpositionen geht es nicht

Hans Joachim Schädlich

Der Sprachabschneider

Hans Joachim Schädlich erzählt in seinem Buch, wie der Schüler Paul einem unbekannten Mann, dem Vielolog, seine Präpositionen überlassen hat.

Am Abend sagt er zu seiner Mutter: „Ich war Fußballtraining. Hinterher saßen wir noch Eisdiele." Pauls Mutter starrt Paul an, sagt aber nichts. Als er von dem Regen erzählt, den er am Morgen erlebt hat, sagt Paul: „Regen stürzte Straßenbahn wie haushohe Wellen ein Schiff." Pauls Mutter sagt: „Du kannst mir doch nicht erzählen, dass die Straßenbahn von dem Regen umgefallen ist!" „Hab ich doch gar nicht gesagt!"

1 Welche Präpositionen (und Artikel) hat Paul dem Herrn Vielolog ausgeliehen? Versuche herauszufinden, was Paul gemeint hat.

2 In dem folgenden Text hat der Herr Vielolog auch mitgespielt. Setze die fehlenden Präpositionen in den Text ein.

Eine Woche _____ Wasser: Handy funktioniert!

Der Geschäftsmann Andrew Cheatle hatte _____ einem Spaziergang _____ Strand sein Handy verloren. „Ich habe _____ meinem Hund gespielt, dabei muss das Handy _____ Wasser gefallen sein. Ich habe immer wieder versucht, es anzurufen, aber _____ ein paar Tagen habe ich die Hoffnung aufgegeben." Als er gerade mit seiner Freundin Rita Smith ein neues Gerät kaufen wollte, klingel- 5 te _____ ihrem Handy seine Nummer und der Fischer Glen Kerley war _____ Apparat. Er hatte das Handy _____ einem 25 kg schweren Kabeljau gefunden! Diesen einen Meter langen Fisch hatte der Mann _____ der südenglischen Grafschaft West Sussex _____ Land gezogen. „Als er mir sagte, wo er das Handy gefunden hat, dachte ich, er nimmt mich _____ den Arm." Als der Fischer ihm 10 dann _____ einem Treffen Handy und Fisch zeigte, musste er ihm wohl oder übel glauben. „Es war ein bisschen dreckig und hat gestunken, aber _____ dem Trocknen war es wieder einsatzbereit." _____ den Fischer ist der Fund keine Überraschung. „Kabeljaue sind wie Schweine, die essen _____ ihrem großen Maul alles. Ich habe schon Plastiktassen, Steine, Löffel oder Batterien _____ 15 Magen der Fische gefunden."

3 Suche dir eine kurze, witzige Zeitungsmeldung, unterstreiche die Präpositionen und bereite die Meldung als Lückentext für einen Partner vor.

→ *Hinweise zu den Präpositionen findest du im Schülerband auf Seite 208.*

Präpositionen bestimmen und verwenden

Präteritum und Perfekt gebrauchen

1 Lies die Geschichte von Ramsinghs Abenteuer.
Unterstreiche alle konjugierten Verben. In welcher Zeitform stehen sie?

Ramsingh **wehrt** sich!

Für den 13-jährigen Ramsingh vom Hirtenvolk der Maldhari **ist** es kein Morgen wie jeder andere. Sein Vater und sein älterer Bruder sind krank. Deshalb hütet er zum ersten Mal das Vieh seiner im Gir-Wald* ansässigen Familie allein. Eine unerhört wichtige Aufgabe – immerhin sind die Wasserbüffel der wertvollste Familienbesitz. Die große Verantwortung lastet schwer auf Ramsinghs schmalen Schultern. Er hofft auf einen ruhigen Tag. Doch als er mit seiner Herde ein Wasserloch erreicht, passiert es: Blitzschnell schießt ein Löwe aus dem Gebüsch und stürzt sich auf einen der Büffel. Zunächst ist der Hirtenjunge vor Entsetzen wie gelähmt. Doch dann rennt Ramsingh mit dem Mut der Verzweiflung laut schreiend und wild mit seinem Holzstock in der Luft herumfuchtelnd auf den Angreifer zu. Seine Tapferkeit wird belohnt: Die noch recht junge Löwin lässt sich einschüchtern und flieht. Ramsingh kommt mit dem Schrecken und der Wasserbüffel mit ein paar tiefen Hautkratzern davon.

*Der Gir-Nationalpark ist ein Naturreservat in Gujarat, Indien.

Das Entsetzen steht diesem Maldhari-Jungen noch ins Gesicht geschrieben: Ein Löwe hat die Herde seiner Familie angegriffen.

2 Berichte über Ramsinghs Abenteuer.
a) Lege dazu zunächst eine Tabelle an. Ergänze die fehlenden Formen:

Präsens	Infinitiv	Präteritum	Perfekt
er wehrt sich	sich wehren	er wehrte sich	er hat sich gewehrt
es ist			

→ Einen Überblick über die wichtigsten Zeitformen findest du im Schülerband unter „Wissen und Können" auf Seite 281.

b) Schreibe den Text auf und verwende das Präteritum. So kannst du deinen Bericht beginnen:
Für den 13-jährigen Ramsingh vom Hirtenvolk der Maldhari war es kein Morgen wie jeder andere. Sein Vater …

3 Ramsingh erzählt seiner Familie, was er erlebt hat. Erzähle in der Ich-Form.
Verwende dabei das Perfekt. So kannst du beginnen:
Als ich das Wasserloch erreicht habe, …

Präteritum und Perfekt unterscheiden und verwenden

Präteritum und Plusquamperfekt gebrauchen

1 Lies die Zeitungsmeldung und setze die passenden Zeitformen ein.

→ *Wichtige Hinweise zum Gebrauch von Präteritum und Plusquamperfekt findest du im Schülerband, S. 210–211.*

Geisterfahrerin

Ein siebenjähriges Mädchen _____ (versetzen im Präteritum)

die Autofahrer auf einer Schweizer Autobahn in helle Aufregung. Bei der Suche

nach einem Bahnhof _____ das Kind mit dem Fahrrad auf die Autobahnauf-

fahrt _____ (fahren im Plusquamperfekt) und _____ die

falsche Spur _____ (benutzen im Plusquamperfekt). Ein Strei-

fenwagen _____ (halten im Präteritum) die Siebenjährige auf der

Überholspur an und _____ (bringen im Präteritum) sie nach Hause.

Bewusstloser Pilot <u>flog</u> 400 Kilometer weiter

Denver. Ein bewusstloser Hobbyflieger aus dem US-Bundesstaat Kansas überlebte den Absturz seines Flugzeuges mit leichten Verletzungen. Sein Flugzeug flog noch 400 Kilometer, nachdem
5 der Pilot ohnmächtig geworden war – mithilfe des Autopiloten. Der Pilot, ein Arzt, befand sich auf seinem Flug von seinem Heimatort in das 260 Kilometer entfernte Topeca. Er verlor das Bewusstsein, nachdem er die Abgase seiner Maschi-
10 ne eingeatmet hatte.

Das Flugzeug blieb auf Kurs und (fliegen) mehr als 400 Kilometer weit in den benachbarten Bundesstaat Missouri. Dort (landen) es auf einem Acker, nachdem der Treibstoff (ausgehen). Die
15 Maschine (schlittern) über ein abgeerntetes Weizenfeld und (stoppen) vor einer Baumreihe. Ein Farmer (alarmieren) den Rettungshubschrauber. Nachdem die Ärzte den Piloten (untersuchen), (fahren) dieser mit dem Zug nach Hause zurück.
20 Als er nach Hause (kommen), (erzählen) er seiner Familie, was er (erleben).

2 Lies den Anfang der Zeitungsmeldung links und unterstreiche alle Verbformen.

3 Welche Zeiten werden verwendet?

_____

_____

4 Welche Sätze stehen im Plusquamperfekt? Erkläre, warum.

5 Lies, wie die Meldung weitergeht, und schreibe den Text mit den passenden Zeitformen auf ein Zusatzblatt. Überlege, welche Sätze im Plusquamperfekt stehen müssen.

Präteritum und Plusquamperfekt unterscheiden und in Texten verwenden

Adverbiale Bestimmungen:
Auf die Umstände kommt es an

1 Lies die folgende Zeitungsmeldung und setze die adverbialen Bestimmungen so ein, dass ein sinnvoller Text entsteht:

in Europa   zufällig bei seinem Tierschmuggel   in seine Unterhose
Ende Januar   in einem Päckchen   vermutlich aus Geldgier   in einer Socke
aus Neuseeland

Deutscher wollte Echsen schmuggeln

Ein Deutscher hat versucht, 44 Geckos und kleinere Echsen _____

_____ zu schmuggeln. Der 58-jährige Mann hatte

die Geckos und Echsen _____ verstaut und dann

_____ gesteckt. Einen weiteren Gecko wollte er

_____ schmuggeln. Doch die australischen Zöllner

schnappten ihn _____.

Der Mann aus Bad Münstereifel in Nordrhein-Westfalen tat das _____

_____. Für die seltenen Tiere

hätte er _____ mindestens 1000 € pro Stück bekommen.

_____ soll das Urteil gegen den Schmuggler verkündet werden.

→ *Hinweise auf die verschiedenen adverbialen Bestimmungen stehen im Schülerband auf Seite 218/219.*

2 Bestimme die eingesetzten adverbialen Bestimmungen durch W-Fragen. Lege eine Tabelle auf einem Zusatzblatt an:

Wo? Woher? Wohin?	Wann? Wie lange?	Wie?	Warum?

3 Lies die folgende Zeitungsmeldung und unterstreiche alle adverbialen Bestimmungen. Bestimme sie durch W-Fragen wie in Aufgabe 2.

Vier Pfoten per Autostopp
Per Autostopp ist ein Hund in Norddeutschland unterwegs gewesen. Bei Lübeck sprang er in ein Auto und blieb dort sitzen. Die Autofahrerin nahm den Vierbeiner mit nach Berlin. Hier brachte sie ihren Reisebegleiter ins Polizeirevier. Die Polizei ermittelte mithilfe der Namensplakette die Hundebesitzerin. Am nächsten Tag wurde der Hund mit dem Zug wieder nach Hause gebracht.

Adverbiale Bestimmungen unterscheiden und Aussagen präzisieren

wortstark 6
Werkstattheft

Name: _____

Lösungsteil

Hier kannst du aufschreiben, welche Seiten und Aufgaben aus dem Werkstattheft du schon bearbeitet hast und was du als Nächstes machen willst:

Seite und Aufgabe im Werkstattheft	Bearbeitet – allein/mit … – in der Schule/als Hausaufgabe	Kontrolliert von …

Seite 6:

2 Sinnvolle Reihenfolge der Karten:
1 Titel des Buches
2 Wichtige Buchfiguren
3 Warum ich das Buch ausgewählt habe
4 Was mir besonders gut gefallen hat
5 Kurze Hinführung zu der Textstelle, die ich vorlesen will
6 Textstelle zum Vorlesen

Seite 12:

1 Meinung: rot unterstrichen
Argument: blau unterstrichen
Beispiel: grün unterstrichen

2 Meinung: Es muss auf jeden Fall verhindert werden, dass schon die ganz Jungen rauchen.
Argument: Gerade für uns Jüngere ist Zigarettenrauch nämlich sehr schädlich.
Beispiel: Es ist schließlich durch viele Untersuchungen festgestellt worden, dass wir schon durch normales Einatmen in verqualmten Räumen krank werden können.

Seite 14:

4 Ausdrücke, mit denen Gedanken verknüpft werden: nämlich, aber, vor Kurzem

5 Lösungsbeispiel:
Man kann durch Fernsehen und DVDs zwar eine Menge Interessantes lernen, aber wenn ich zu meinem Hobby etwas genau wissen will, kann ich besser die entsprechenden Sachbücher lesen. Da ist nämlich alles genau beschrieben, oft auch mit Fotos und Zeichnungen. Mein neues Aquarium habe ich zum Beispiel ganz genau nach der Anleitung in einem Hobbybuch gebaut und eingerichtet.

Seite 20:

1 Name: Weverton
Alter: 12 Jahre
Land: Brasilien
Familie: will er nicht drüber reden
Wohnen: lebt seit zwei Jahren auf der Straße
Essen: hat oft Hunger, bekommt Frühstück in der Schule
Tagesablauf: schläft auf der Straße, wird von einem Auto von UNICEF zur Schule gebracht, trägt sich in die Anwesenheitsliste ein, duscht und frühstückt, dann beginnt der Unterricht
Schule: „Schule am Park" für obdachlose Kinder, 20 Stunden Unterricht pro Woche, um später ein Zeugnis zu bekommen, Kinder lernen Lesen und Rechnen und wie man ohne zu klauen Geld verdient, Weverton liebt den Zirkusunterricht

2 Lösungsbeispiel:
Weverton ist ein Junge von 12 Jahren. Tag und Nacht lebt er auf der Straße. Schon seit zwei Jahren ist Weverton ein Straßenkind. Er hat eine Familie, aber er will nicht über sie reden. Seine Familie kann sich wohl nicht um ihn kümmern.

Seite 21:

3 Lösungsbeispiel:
Straßenkinder wie Weverton leben ganz anders als wir.
Sie schlafen nachts auf der Straße, weil sie keine Eltern oder kein Zuhause haben.
Obwohl der Junge sich schon zwei Jahre auf der Straße durchschlägt, ist er nicht verzweifelt.

Er besucht nämlich eine Schule, sodass sein Alltag etwas besser als der Alltag vieler seiner Freunde aussieht.
Morgens wird er von einem Auto der UNICEF abgeholt, damit er die Schule besuchen kann.

Seite 24:

1 Diese Sätze passen zum Inhalt der Geschichte:
– Sara nennt sich selbst Madonna.
– Der Lehrer unterrichtet gerade Mathematik.
– Sara ist lang und dürr.

Seite 26/27:

6 Die Originaltexte:

Elisabeth Borchers
April

Es kommt eine Zeit
mit Regen,
mit Hagel,
mit Schnee.

Mit Wind, der um die Ecke stürzt.
Der nimmt dem Mann den Hut vom Kopf.
Ei, ruft der Mann, wo ist mein Hut?
Ei, ruft der Hut, wo ist mein Mann?
Und ist schon ganz weit oben.

Der Hahn auf goldner Kirchturmspitz,
der denkt:
Ich seh nicht recht,
ein Hut ganz ohne Mann,
ein Hut, der auch noch fliegen kann
und hat doch keine Flügel an?

Heinrich Heine
Frühlingsbotschaft

Leise zieht durch mein Gemüt
Liebliches Geläute.
Klinge, kleines Frühlingslied,
Kling hinaus ins Weite.

Kling hinaus, bis an das Haus,
Wo die Blumen sprießen,
Wenn du eine Rose schaust,
Sag, ich lass sie grüßen.

7 Im Gedicht „April" werden der Wind, der Hut und der Wetterhahn personifiziert; das erkennt man z. B. an den unterstrichenen Stellen.

Im Gedicht „Frühlingsbotschaft" steht zu Beginn und am Schluss ein Sprachbild; außerdem wird das Frühlingslied wie eine Person angesprochen (im Text unterstrichen).

Seite 28:

2 Lösungsvorschlag:
Zeile 1–6: Zwei Gruppen von Tieren im Wald: nachtaktive und nicht nachtaktive
Zeile 6–10: Tiere, die nachts schlafen
Zeile 10–31: Größere Tiere, die nachtaktiv sind
Zeile 31–40: Kleinere Tiere, die nachtaktiv sind

3 „Nachtaktiv" bedeutet, in der Nacht munter zu sein und zu jagen (und tagsüber zu schlafen).

4 nicht nachtaktive Tiere: Marienkäfer, Laubfrosch, Blaumeise, Eichhörnchen
nachtaktive Tiere: Eule, Waschbär, (Rot)Fuchs, Luchs, Igel, Waldmaus, Insekten, Nachtfalter, Käfer, Glühwürmchen

Seite 29:

5 a) in der Dämmerung, b) Mäuse, Ratten, kleine Vögel, c) sie hört und sieht sehr gut

6 Lösungsbeispiele:
– Was frisst der Waschbär?
– Wie findet der Waschbär seine Beute?
– Wie heißt das größte Raubtier im Wald?
– usw.

7 Nachtfalter sind nachtaktive Schmetterlinge. Sie haben einen kurzen, kräftigen, stark behaarten Körper.

8 Kobel: Kugelnest des Eichhörnchens
Allesfresser: Tier, das alles frisst – sowohl Pflanzen als auch andere Tiere
Glühwürmchen: nachtaktiver Käfer, Leuchtkäfer

Seite 31:

3 Graffiti im Wald: besprühte Bäume im Wald, z. B. rotes Kreuz auf einem Fichtenstamm
Hauungsplan: Im Hauungsplan ist festgelegt, wo welche Bäume gefällt werden.
saurer Regen: Niederschlag, der Natur und Umwelt schädigt
Wälder umbauen: andere Bäume anpflanzen, z. B. dort, wo nur Fichten wachsen, Buchen, Eichen oder Eschen pflanzen
Monokultur: Stelle im Wald, wo nur eine Art Bäume angepflanzt wurde, z. B. nur Fichten
Mischwald: Wald, der aus verschiedenen Baumarten besteht
Ein-Baum-Wald: gleiche Bedeutung wie Monokultur

4 a) Berufsbezeichnungen: Diplomingenieur für Forstwirtschaft, Diplomforstwirt
b) Ausbildung: Studium an einer Fachhochschule oder an einer Universität, Dauer: 4 Jahre
c) Aufgaben: Kenntnis über Pflanzen und Tiere im Wald, Erkennen von Krankheiten von Pflanzen und Tieren, Jagdausübung, Handel mit Holz und Saatgut, Erstellung von Hauungsplänen, Waldumbau.

Seite 32:

1 Igel haben ein Stachelkleid, die Stacheln sehen wie kleine Spieße aus.

Seite 33:

3 Einzelgänger: Igel leben allein.
Nachtschwärmer: Igel sind nachtaktiv.
Kaktus unter den Tieren: Igel haben Stacheln.

4 kleine Spießer, Einzelgänger, Braunbrustigel, Nadelkissen, Insekten- und Kriechtierfresser

6 **Steckbrief: Igel**
Größe: bis zu 32 cm
Gewicht: 450–700 Gramm
Aussehen: Stachelkleid, das ihn vor den meisten Feinden schützt; stachelige Oberseite, pelzige Bauchseite
Lebensweise und Verhalten:
– lebt gerne in Parks und Gärten;

– Einzelgänger: nach der Paarung verlassen die Männchen die Weibchen; lebt alleine in seinem Nest;
– nachtaktiv: zieht zweimal pro Nacht durch sein Streifgebiet;
– Einigeln bei Gefahr;
– hält Winterschlaf
Nahrung: Käfer, Würmer, Nacktschnecken
Fortpflanzung: nach 35 Tagen 4–5 Igeljunge
Alter: bis zu 7 Jahren
Feinde: Eule, Dachs, Autos!
Besondere Merkmale: Einzelgänger, schwierige Körperpflege, Bekanntheit des Igels durch Märchen, Comics oder Frisur, Gefährdung des Igels durch Straßenverkehr usw.

Seite 35:

1 Lösungsbeispiel für die Überschriften zu den Abschnitten:
– Eltern verärgert über Werbung an Kinder
– Handywerbung schon an Vierjährige
– Eltern klagen gegen Handyrechnungen ihrer Kinder

2 Lösungsbeispiel:
– Keine Telefondienste anrufen!
– Vorsicht bei Telefonvoting!
– Nicht auf Gewinnversprechungen hereinfallen!
– Vorsicht beim Herunterladen von Klingeltönen!
– Sprich bei Fehlern mit deinen Eltern!

3 Zu beiden Texten passen diese Aussagen:
– Kinder sind unerfahren und fallen schnell auf Lockangebote herein.
– Handys in Kinderhänden können schnell zu hohen Kosten führen.
– Klingeltöne herunterladen kann teuer werden.

Seite 37:

3 Antworten auf die Fragen:
a) zwei Ziegen, kommen satt und zufrieden von der Weide zurück
b) auf einem schmalen Steg über einem Bach
c) sie treffen sich mitten auf dem schmalen Steg, eine der beiden Ziegen müsste zurückgehen, um die andere durchzulassen
d) weil sie starrsinnig und unvernünftig sind, keine will ausweichen
e) Aufbau der Fabel:
– Situation: zwei Ziegen begegnen sich auf einem schmalen Steg
– Handlung: keine der beiden Ziegen will ausweichen, sie streiten sich, geraten in Zorn und kämpfen miteinander
– Ergebnis: beide Ziegen fallen in das eiskalte Wasser
– Lehre: Starrköpfigkeit führt nicht zum Ziel
f) Hier ist deine eigene Meinung gefragt!

Seite 40:

2 Lehrerin gebraucht „mitkommen" in der Bedeutung „(dem Diktat) folgen können", die Schüler dagegen in der Bedeutung „jemanden irgendwohin begleiten".

3 verlegen: 1. (Rohre) verarbeiten, 2. etwas an einen bestimmten Ort legen und nicht mehr finden
ausgehen: 1. irgendwohin gehen und sich amüsieren, 2. bei Kerzen: aufhören zu brennen
Grund: 1. Ursache, 2. (Erd)Boden, auf dem man steht
aufmachen: 1. (ein Geschäft) eröffnen, 2. (gewaltsam) öffnen

Seite 41:

1 Traumhaus, Baumhaus, Kirschbaum, Strickleiter, Bretterbude, Raumschiff, Luxushaus, Filmproduzent, Popstar

2 Ein Traumhaus ist ein Haus, von dem man träumt.
Ein Baumhaus ist ein Haus, das auf einen Baum gebaut wurde.

Ein Kirschbaum ist ein Baum, auf dem süße oder saure Kirschen wachsen.
Eine Strickleiter ist eine Leiter, die aus Stricken gefertigt ist.
Ein Luxushaus ist ein Haus, das luxuriös gebaut oder eingerichtet ist.
Eine Bretterbude ist eine Bude aus Brettern.
Ein Raumschiff ist ein Fahrzeug („Schiff") im Weltraum.
Ein Filmproduzent ist ein Produzent von Filmen.
Ein Popstar ist ein Star in der Popszene.

3 Riesenslalom:
– richtige Bedeutung: Skirennen, bei dem die Sportler durch viele weite Tore fahren müssen
– falsche Bedeutung: Slalom für riesengroße Sportler

Wachskerzen:
– richtige Bedeutung: Kerzen aus Wachs
– falsche Bedeutung: Kerzen, die wachsen

Parkanlage:
– richtige Bedeutung: ziemlich große und gepflegte Grünanlage
– falsche Bedeutung: Fläche, auf der man parken kann

Seite 42:

1 Galina gebraucht „vor Wut kochen" als Redensart in der Bedeutung „wütend sein", Jessica versteht die Redensart wörtlich: „(vor Wut) Essen zubereiten".

2 „Also wirklich, jetzt lass dir doch nicht die Würmer aus der Nase ziehen."
„Was ist denn los mit euch, ihr seid ja völlig außer Rand und Band", ruft die Lehrerin.
„Ach was, du machst aus einer Mücke einen Elefanten!"
„Jetzt wirf die Flinte nicht (gleich) ins Korn."

Seite 43:

1 Französisch: pommes frites
Deutsch: Pommes, Fritten
Amerikanisch: french fries
Englisch: chips

2 a) Chips; b) Chips sind „dünne, geröstete, gewürzte, kalte Kartoffelscheiben"

3 Belgier und Franzosen streiten sich über die Erfindung der Pommes frites. Die Belgier behaupten, dass sie die Pommes frites erfunden hätten: Bewohner aus Maas hätten im 18. Jahrhundert die Idee gehabt, Kartoffelscheiben in Öl zu garen, weil sie im Winter keine Fische angeln und essen konnten. Die Franzosen behaupten, sie hätten zur gleichen Zeit die Pommes frites erfunden und schon Pommesbuden auf Jahrmärkten aufgestellt.

4 Sprachen, aus denen die Wörter stammen:
– Döner: Türkisch
– Pizza: Italienisch
– Ketchup: Englisch (manche glauben auch: aus dem Chinesischen)
– Hamburger: ungeklärt: entweder aus dem Amerikanischen oder Deutschen
– Donut: Amerikanisch
– Sushi: Japanisch
– Kebab: Türkisch
– Soljanka: Russisch
– Curry: Englisch
– Tapas: Spanisch
– Porridge: Englisch
– Makkaroni: Italienisch
– Gyros: Griechisch
– Pudding: Englisch
– Toast: Englisch

Seite 44:

1 Ich war beim Fußballtraining. Hinterher saßen wir noch in der Eisdiele. … Regen stürzte auf die Straßenbahn wie haushohe Wellen auf ein Schiff.

2 **Eine Woche im Wasser: Handy funktioniert!**

Der Geschäftsmann Andrew Cheatle hatte auf einem Spaziergang am Strand sein Handy verloren. „Ich habe mit meinem Hund gespielt, dabei muss das Handy ins (in das) Wasser gefallen sein. Ich habe immer wieder versucht, es anzurufen, aber nach ein paar Tagen habe ich die Hoffnung aufgegeben."
Als er gerade mit seiner Freundin Rita Smith ein neues Gerät kaufen wollte, klingelte auf ihrem Handy seine Nummer und der Fischer Glen Kerley war am Apparat. Er hatte das Handy in einem 25 kg schweren Kabeljau gefunden! Diesen einen Meter langen Fisch hatte der Mann in/aus der südenglischen Grafschaft West Sussex an Land gezogen. „Als er mir sagte, wo er das Handy gefunden hat, dachte ich, er nimmt mich auf den Arm." Als der Fischer ihm dann bei einem Treffen Handy und Fisch zeigte, musste er ihm wohl oder übel glauben. „Es war ein bisschen dreckig und hat gestunken, aber nach dem Trocknen war es wieder einsatzbereit." Für den Fischer ist der Fund keine Überraschung. „Kabeljaue sind wie Schweine, die essen mit ihrem großen Maul alles. Ich habe schon Plastiktassen, Steine, Löffel oder Batterien im Magen der Fische gefunden."

Seite 45:

Ramsingh wehrt sich!

Für den 13-jährigen Ramsingh vom Hirtenvolk der Maldhari ist es kein Morgen wie jeder andere. Sein Vater und sein älterer Bruder sind krank. Deshalb hütet er zum ersten Mal das Vieh seiner im Gir-Wald ansässigen Familie allein. Eine unerhört wichtige Aufgabe – immerhin sind die Wasserbüffel der wertvollste Familienbesitz. Die große Verantwortung lastet schwer auf Ramsinghs schmalen Schultern. Er hofft auf einen ruhigen Tag. Doch als er mit seiner Herde ein Wasserloch erreicht, passiert es: Blitzschnell schießt ein Löwe aus dem Gebüsch und stürzt sich auf einen der Büffel. Zunächst ist der Hirtenjunge vor Entsetzen wie gelähmt. Doch dann rennt Ramsingh mit dem Mut der Verzweiflung laut schreiend und wild mit seinem Holzstock in der Luft herumfuchtelnd auf den Angreifer zu. Seine Tapferkeit wird belohnt: Die noch recht junge Löwin lässt sich einschüchtern und flieht. Ramsingh kommt mit dem Schrecken und der Wasserbüffel mit ein paar tiefen Hautkratzern davon.

Alle Verben stehen im Präsens.

2 a)

Präsens	Infinitiv	Präteritum	Perfekt
er wehrt sich	sich wehren	er wehrte sich	er hat sich gewehrt
es ist	sein	es war	es ist gewesen
sie sind	sein	sie waren	sie sind gewesen
er hütet	hüten	er hütete	er hat gehütet
sie lastet	lasten	sie lastete	sie hat gelastet
er hofft	hoffen	er hoffte	er hat gehofft

er erreicht	erreichen	er erreichte	er hat erreicht
es passiert	passieren	es passierte	es ist passiert
er schießt	schießen	er schoss	er ist geschossen
er stürzt sich	sich stürzen	er stürzte sich	er hat sich gestürzt
er rennt	rennen	er rannte	er ist gerannt
sie wird	werden	sie wurde	sie ist geworden
sie lässt	lassen	sie ließ	sie hat gelassen
sie flieht	fliehen	sie floh	sie ist geflohen
er kommt davon	davonkommen	er kam davon	er ist davongekommen

b) Für den 13-jährigen Ramsingh vom Hirtenvolk der Maldhari war es kein Morgen wie jeder andere. Sein Vater und sein älterer Bruder waren krank. Deshalb hütete er zum ersten Mal das Vieh seiner im Gir-Wald ansässigen Familie allein. Eine unerhört wichtige Aufgabe – immerhin waren die Wasserbüffel der wertvollste Familienbesitz. Die große Verantwortung lastete schwer auf Ramsinghs schmalen Schultern. Er hoffte auf einen ruhigen Tag. Doch als er mit seiner Herde ein Wasserloch erreichte, passierte es: Blitzschnell schoss ein Löwe aus dem Gebüsch und stürzte sich auf einen der Büffel. Zunächst war der Hirtenjunge vor Entsetzen wie gelähmt. Doch dann rannte Ramsingh mit dem Mut der Verzweiflung laut schreiend und wild mit seinem Holzstock in der Luft herumfuchtelnd auf den Angreifer zu. Seine Tapferkeit wurde belohnt: Die noch recht junge Löwin ließ sich einschüchtern und floh. Ramsingh kam mit dem Schrecken und der Wasserbüffel mit ein paar tiefen Hautkratzern davon.

3 Als ich mit der Herde das Wasserloch erreicht habe, ist es passiert: Ein Löwe ist blitzschnell aus dem Gebüsch geschossen und hat sich auf einen Büffel gestürzt. Zunächst bin ich vor Entsetzen wie gelähmt gewesen. Doch dann bin ich auf den Löwen zugerannt, habe laut geschrien und mit dem Stock wild in der Luft herumgefuchtelt. Meine Tapferkeit ist belohnt worden. Die noch recht junge Löwin hat sich von mir einschüchtern lassen und ist geflohen. Ich bin mit dem Schrecken davongekommen und der Wasserbüffel mit ein paar Hautkratzern.

Seite 46:

1 Ein siebenjähriges Mädchen versetzte die Autofahrer auf einer Schweizer Autobahn in helle Aufregung. Bei der Suche nach einem Bahnhof war das Kind mit dem Fahrrad auf die Autobahnauffahrt gefahren und hatte die falsche Spur benutzt. Ein Streifenwagen hielt die Siebenjährige auf der Überholspur an und brachte sie nach Hause.

2 **Bewusstloser Pilot flog 400 Kilometer weiter**
Denver. Ein bewusstloser Hobbyflieger aus dem US-Bundesstaat Kansas überlebte den Absturz seines Flugzeuges mit leichten Verletzungen. Sein Flugzeug flog noch 400 Kilometer, nachdem der Pilot ohnmächtig geworden war – mithilfe des Autopiloten. Der Pilot, ein Arzt, befand sich auf seinem Flug von seinem Heimatort in das 260 Kilometer entfernte Topeca. Er verlor das Bewusstsein, nachdem er die Abgase seiner Maschine eingeatmet hatte.

3 Präteritum, Plusquamperfekt

4 Die nachdem-Sätze stehen im Plusquamperfekt, weil hier von etwas berichtet wird, das vorher stattgefunden hat:

Zuerst war der Pilot ohnmächtig geworden, dann flog er noch 400 Kilometer weiter. Zuerst hatte der Pilot die Abgase seiner Maschine eingeatmet, dann verlor er das Bewusstsein.

5 Das Flugzeug blieb auf Kurs und flog mehr als 400 Kilometer weit in den benachbarten Bundesstatt Missouri. Dort landete es auf einem Acker, nachdem der Treibstoff ausgegangen war. Die Maschine schlitterte über ein abgeerntetes Weizenfeld und stoppte vor einer Baumreihe. Ein Farmer alarmierte den Rettungshubschrauber. Nachdem die Ärzte den Piloten untersucht hatten, fuhr dieser mit dem Zug nach Hause zurück. Als er nach Hause kam, erzählte er seiner Familie, was er erlebt hatte.

Seite 47:

1 Ein Deutscher hat versucht, 44 Geckos und kleinere Echsen aus Neuseeland zu schmuggeln. Der 58-jährige Mann hatte die Geckos und Echsen in einem Päckchen verstaut und dann in seine Unterhose gesteckt. Einen weiteren Gecko wollte er in einer Socke schmuggeln. Doch die australischen Zöllner schnappten ihn zufällig bei seinem Tierschmuggel. Der Mann aus Bad Münstereifel in Nordrhein-Westfalen tat das vermutlich aus Geldgier. Für die seltenen Tiere hätte er in Europa mindestens 1000 € pro Stück bekommen. Ende Januar soll das Urteil gegen den Schmuggler verkündet werden.

2

Wo? Woher? Wohin?	Wann? Wie lange?	Wie?	Warum?
aus Neuseeland	Ende Januar	zufällig bei seinem Tierschmuggel	vermutlich aus Geldgier
in einem Päckchen			
in seine Unterhose			
in einer Socke			
in Europa			

3 Per Autostopp (Wie?) ist ein Hund in Norddeutschland (Wo?) unterwegs gewesen. Bei Lübeck (Wo?) sprang er in ein Auto (Wohin?) und blieb dort (Wo?) sitzen. Die Autofahrerin nahm den Vierbeiner mit nach Berlin (Wohin?). Hier brachte sie ihren Reisebegleiter ins Polizeirevier (Wohin?). Die Polizei ermittelte mithilfe der Namensplakette (Wie?) die Hundebesitzerin. Am nächsten Tag (Wann?) wurde der Hund mit dem Zug (Wie?) wieder nach Hause (Wohin?) gebracht.

Seite 48:

2 Tanne:

links steht es genauer ←	Bezugswort	→ rechts steht es genauer
kurze, weiche, wohlriechende (Adjektiv)	Nadeln	die dunkelgrün und glänzend sind (Relativsatz)
aufrecht stehende (Adjektiv)	Zapfen	die sich nur oben in der Krone befinden (Relativsatz) und (die) nicht als Ganzes herunterfallen (verkürzter Relativsatz)
helle, weißgraue (Adjektiv)	Rinde	die zunächst glatt ist und (die) im Alter schuppig wird (verkürzter Relativsatz)
abgeflachte (Adjektiv)	Krone	die aussieht wie ein Storchennest (Relativsatz)

3 Fichte:

links steht es genauer ←	Bezugswort	→ rechts steht es genauer
längere, spitzere (Adjektiv)	Nadeln	die rund um den Zweig angeordnet sind (Relativsatz) sind spitz (Adjektiv) und pieksen (Verb)
Herunterhängende (Adjektiv)	Zapfen	die als Ganzes abfallen (Relativsatz)
braune (Adjektiv)	Rinde	mit vielen Rissen (Wortgruppe)
spitze (Adjektiv)	Krone	

4 vgl. in den Tabellen

Seite 49:

1 Am Weihnachtstag hat der Hund einer Familie einen Einbrecher in die Flucht geschlagen und ihm dabei einen Schuh abgenommen.

2 Hund verjagt Einbrecher
Nordhorn. Am ersten Weihnachtstag gelangte eine unbekannte Person gegen 21.30 Uhr auf das Grundstück einer Familie am Gildehauser Weg. Der wachsame Hund der Familie bemerkte den ungebetenen Gast und schlug an. Nachdem der Hund in den Garten gelassen wurde, flüchtete die Person über eine hohe Mauer. Bei der Flucht konnte der Hund dem überraschten Täter einen Schuh abnehmen.

4 Autodiebe kidnappen Löwen
Am Mittwochabend haben Unbekannte in Wuppertal einen Löwen gestohlen. Das Raubtier befand sich in einem Kleintransporter, der nicht als Zirkuswagen gekennzeichnet war. Die Täter hatten die 150 Kilo schwere Raubkatze wahrscheinlich zunächst nicht bemerkt. Als sie sich bemerkbar machte, fuhren die Diebe vor Schreck gegen ein Verkehrsschild. Anschließend flohen sie zu Fuß. Unfallzeugen alarmierten die Polizei. Diese fuhr den Unfallwagen mit dem Löwen Caesar an Bord auf den Parkplatz eines Abschleppdienstes. Die ganze Nacht harrte das Tier dort aus. Dass sich der gestohlene Löwe auf dem Laster befand, stellte sich erst am nächsten Vormittag heraus. Der Zirkus hatte nämlich eine Diebstahlanzeige erstattet. Glücklicherweise überstand Caesar den nächtlichen Diebstahl ohne Schaden.

Seite 50:

1 *James Krüss*
Was tut man im Mai?

Was tun die Katzen im Mai?
Sie lecken und schlecken den Brei,
erziehen ihre Kätzchen
und jagen die Spätzchen.
Das tun die Katzen im Mai.

Was tun die Hunde im Mai?
Sie rasen an Zäunen vorbei,
sie wickeln die Leine
dem Herrn um die Beine.
Das tun die Hunde im Mai.

Was tun die Pferde im Mai?
Sie trappeln zur Bierbrauerei.
Sie holen das Maibier
und schlürfen ein Freibier.
Das tun die Pferde im Mai.

Was tut ein Dichter im Mai?
Er legt sich ins grabbelige Heu,
er reimt auf der Wiese
Gedichte wie diese
und kratzt und juckt sich dabei.

2 Wen oder was lecken und schlecken sie?
→ den Brei → Akkusativobjekt
Wen oder was erziehen die Katzen?
→ ihre Kätzchen → Akkusativobjekt
Wo rasen die Hunde vorbei?
→ an Zäunen → adverbiale Bestimmung des Ortes
Wem wickeln sie die Leine um die Beine?
→ dem Herrn → Dativobjekt
Wann tun die Hunde das?
→ im Mai → adverbiale Bestimmung der Zeit
Wohin trappeln die Pferde?
→ zur Bierbrauerei → adverbiale Bestimmung des Ortes
Was machen sie?
→ sie holen → Prädikat
Wen oder was schlürfen sie?
→ ein Freibier → Akkusativobjekt
Wer tut was im Mai?
→ ein Dichter → Subjekt
Wo reimt er Gedichte wie diese?
→ auf der Wiese → adverbiale Bestimmung des Ortes

3 (Den Brei) [Akkusativobjekt] (lecken und schlecken) [Prädikat] (sie) [Subjekt], (ihre Kätzchen) [Akkusativobjekt] (erziehen) [Prädikat] (sie) [Subjekt] und (die Spätzchen) [Akkusativobjekt] (jagen) [Prädikat] (sie) [Subjekt]. (Im Mai) [adverbiale Bestimmung der Zeit] (tun) [Prädikat] (das) [Akkusativobjekt] (die Kätzchen) [Subjekt].

(An Zäunen) [adverbiale Bestimmung des Ortes] (rasen) [Prädikat 1. Teil] (sie) [Subjekt] (vorbei) [Prädikat 2. Teil], (um die Beine) [adverbiale Bestimmung des Ortes] (wickeln) [Prädikat] (sie) [Subjekt] (dem Herrn) [Dativobjekt] (die Leine) [Akkusativobjekt].

Seite 51:

1 a) computer (Computer), text (Text), mail (Mail), information (Information), PCD: Personal Computer Display
b) all (alle), electronic (elektronische), email (E-Mail), project (Projekt)

2 Prädikat: werden haben
a) Prädikat: will have
b) Im Englischen dagegen stehen die beiden Teile des Prädikats nebeneinander.

3 Die Verbformen stehen im Futur.

4 Klassenzimmer
Dort wird es keine Tafeln und keine Stifte geben.
Alles, was der Lehrer seinen Schülern sagt, wird auf einer digitalen elektronischen Tafel erscheinen, die mit den PCDs der Schüler verbunden ist.

Im Deutschen steht das Prädikat am Ende des Nebensatzes.
Im Englischen steht das Prädikat nach dem Subjekt.

Seite 52:

1 Telefonhäuschen, Fernsprechkiosk, Straßensprechzelle, Telefonzelle, Kabine, Fernsprechhäuschen, Häuschen

2 Der Autor möchte Wiederholungen vermeiden und abwechslungsreich schreiben.

3 Eine mögliche Lösung:
Warum telefonieren Jugendliche so viel?
Viele Jugendliche telefonieren ständig. Sie <u>nutzen das Telefon</u> deutlich mehr als ihre Eltern. Warum <u>hängen</u> sie so viel <u>am Telefon</u>? Sie haben mehr zu <u>erzählen</u>, denn die Pausen in der Schule reichen für Unterhaltungen nicht aus. Sie <u>rufen</u> ihre Freunde <u>an</u>, um mit ihnen über die Schule, Erlebnisse am Wochenende oder auch über Erfahrungen mit Jungen und Mädchen zu sprechen. Wenn es nur ein Telefon in der Familie gibt, ärgern sich die Eltern darüber, dass die Kinder <u>es</u> ständig <u>besetzen</u>. Wenn Jugendliche oft <u>per Telefon miteinander spre-
chen</u>, erhöht dies auch die Telefonkosten. Schöner als <u>anrufen</u> ist aber immer noch, wenn man sich persönlich treffen und quatschen kann.

4 Eine mögliche Lösung:
Einfach abschalten?
Viele Kinder schalten, sobald sie nach Hause kommen, den Fernseher ein. Und dann hocken sie den ganzen Nachmittag vor der <u>Glotze/Mattscheibe/Kiste</u>. Experten haben schon oft darauf hingewiesen, dass die viele Zeit vor dem <u>Fernsehapparat</u> der Gesundheit schadet. Übergewicht, Rückenschmerzen und Augenschäden treten auf, wenn man zu lange vor der <u>Flimmer-
kiste</u> sitzt.

Seite 53:

1 Das Prädikat ist jeweils unterstrichen:
a) (Im Herbst) <u>haben</u> (sie) (Nüsse, Eicheln und Bucheckern) <u>gesammelt</u>. b) (Die Nahrung) <u>vergraben</u> (sie) (unter den bunten Herbstblättern). c) (Oft) <u>vergessen</u> (sie) (ihre Verstecke). d) (Dort) <u>wachsen</u> (im Frühjahr) (neue kleine Bäume). e) (Aus diesem Grunde) <u>sind</u> (die Eichhörnchen) (richtig gute Förster)!

2 Eine mögliche Lösung:
Im Herbst haben ...
Die Nahrung ...
Oft vergessen sie ihre Verstecke.
Dort ...
Aus diesem Grunde ...

3 Igel fressen sich im Herbst einen dicken Winterspeck an. Schnecken, Käfer, Würmer und Spinnen mögen sie besonders gern. Der Winterspeck schützt sie vor der Kälte. Bis Anfang April verstecken sich die Igel unter Blätterhaufen zum Winterschlaf. In dieser Zeit fressen die Igel nicht, sondern zehren von ihren Fettreserven.

Seite 54:

1 a) (Die ersten Storchenmännchen) <u>sind</u> (nach Angaben des Naturschutzbundes) (Ende Februar) (in Deutschland) <u>eingetroffen</u>. (= 5 Satzglieder)

2, **3** (Die ersten Störche) [Subjekt] <u>kehren</u> (nach Deutschland) [adverbiale Bestimmung des Ortes] <u>zurück</u>.
(Im Süden Deutschlands) [adverbiale Bestimmung des Ortes] <u>sitzen</u> (die Storchenmännchen) [Subjekt] (bereits Ende Februar) [adverbiale Bestimmung der Zeit] (auf ihren Nestern) [adverbiale Bestimmung des Ortes].
(Die Weibchen) [Subjekt] <u>kommen</u> (später) [adverbiale Bestim-
mung der Zeit] (aus dem Süden) [adverbiale Bestimmung des Ortes] <u>zurück</u>.
(Sie))[Subjekt] <u>suchen sich</u> (dann) [adverbiale Bestimmung der Zeit] (einen Partner) [Akkusativobjekt] <u>aus</u> und <u>setzen sich</u> (ins gemachte Nest) [adverbiale Bestimmung des Ortes].
Die Prädikate sind unterstrichen.

4 Mögliche Lösung:
Störche sind Zugvögel. Im Winter fliegen sie nach Afrika.
Jedes Jahr im Frühling kehren sie zu ihrem Nest zurück.
Bereits im Februar kommen mutige Störche nach Europa.
Die Störche haben dann noch die freie Auswahl: Später sind die besten Nester besetzt.
Für Störche ist die Kälte kein Problem. Selbst im Schnee haben sie warme Füße.
Allerdings finden die Zugvögel im Winter oft keine Insekten zum Fressen.

Seite 55:

1 **Warum Menschen manchmal weinen**
Hast du dir schon einmal weh getan und erst angefangen zu weinen, <u>nachdem</u> du das Blut an der Wunde gesehen hast? Du hast also erst geweint, <u>als/weil/da</u> du darauf aufmerksam machen wolltest, dass du Hilfe brauchst. Viele Forscher sind der Meinung, dass wir weinen, <u>weil/da/wenn</u> wir Aufmerksamkeit bekommen oder vor Gefahren warnen wollen. Babys und Kleinkinder weinen häufiger, <u>weil/da</u> sie sich ja noch nicht selbst helfen können. Wir wollen beachtet werden, <u>deshalb</u> weinen wir und nicht wegen der Schmerzen. Übrigens flennen nur Menschen, <u>denn</u> Tiere können nicht weinen. Automatisch heulen wir beispielsweise, <u>sobald/wenn</u> wir Zwiebeln schneiden oder wenn uns eine Fliege ins Auge fliegt. Die Tränen reinigen wieder unser Auge.

2 **Klingeln im Bauch**
Kairo. Eine Kuh in Ägypten hat auf eindrucksvolle Art und Weise gezeigt, wie stabil Mobiltelefone sind. Eine junge Frau vermisste ihr Handy, <u>nachdem</u> sie ihrer Mutter im Kuhstall beim Füttern der Tiere <u>geholfen hatte</u>. Sie wählte ihre Nummer von einem anderen Apparat aus, <u>weil</u> sie das Mobiltelefon auf diese Art und Weise <u>finden wollte</u>. <u>Als</u> sie die Nummer <u>wählte</u>, vernahm sie ein leises Klingeln. Sie folgte dem Klingelton und stellte fest, dass das Geräusch aus dem Bauch einer Kuh kam. Das Tier hatte das Handy gefressen!
Gesundheitsprobleme der Kuh sind nicht bekannt, <u>obwohl</u> Handys sicherlich nicht sehr <u>bekömmlich sind</u>. Das Handy kam übrigens auf natürlichem Wege wieder ans Tageslicht.

3 **Ungeplanter Imbiss**
London. Eine Fliege flog geradewegs in den Mund eines britischen Nachrichtensprechers, <u>als</u> dieser eine Meldung verlesen wollte. <u>Obwohl</u> Jonathan Hill sich ekelte, würgte er die Fliege herunter. Er biss so mutig die Zähne zusammen, <u>weil</u> er das Tier in der Live-Sendung nicht ausspucken konnte. <u>Da</u> er zur besten Sendezeit über den Bildschirm flimmerte, konnten Millionen Zuschauer das Spektakel verfolgen.

Seite 56:

3 **Charlie Chaplin**
Charles Spencer Chaplin wurde 1889 in einem Armeleuteviertel in London geboren. Die Eltern waren beide Künstler. Sie trennten sich kurz nach Charlies Geburt. Sein Vater starb 1901 durch Alkohol, seine Mutter Hannah Chaplin war sehr oft krank. Charles und sein Halbbruder Sidney wuchsen deshalb auch in Heimen und Internaten auf. Seine Karriere begann Chaplin im Alter von neun Jahren. Mit 19 Jahren bekam er ein Engagement bei einer bekannten englischen Theatergruppe. Dort spielte er mit großem Erfolg seine erste richtige Rolle. Dann ging die Gruppe auf Tournee in die USA. Dort sah ihn eines Abends der Regisseur und Filmproduzent Mac Sennett. Chaplin bekam einen Vertrag als Filmkomiker. Chaplins Karriere hatte begonnen. Nach einigen Jahren führte er selbst Regie und erhielt kaum vorstellbare Traumgagen. Seine Filme liefen in der ganzen Welt.

4 Gibt es überhaupt bessere Filme als die von Charlie Chaplin? Viele meinen, dass der Stummfilm nicht mehr so aktuell ist, aber ich bin fest davon überzeugt: Chaplins Filme veralten nicht. Die Filme finde ich einfach wunderschön! Chaplin hat fast nur gute Filme gemacht: „The Kid", „Goldrausch", „Lichter der Großstadt" oder „Moderne Zeiten". „Moderne Zeiten" muss man einfach gesehen haben! Die Story ist klasse und zeigt auch sehr viel Weltgeschichte. Der Film ist einfach großartig! Die Szene, wo der Mechaniker plötzlich in die Getrieberäder fällt, schaue ich mir immer wieder gern an. „Goldrausch" ist Chaplins populärster Film.

Gibt es etwas Lustigeres als die berühmte Szene, wenn Charlie einen Schuh verspeist? Warum gibt es diese Filme nicht öfter im Fernsehen zu sehen?

Seite 57:

1 Eine Frau setzt ihr uneheliches Kind aus. Charlie findet das Kind in den Londoner Slums, er nimmt den Kleinen auf, er gibt ihm den Namen John und er kümmert sich wie ein Vater liebevoll um ihn. Die beiden schlagen sich so gut es geht durchs Leben. Charlie arbeitet als Glaser, er lässt den Jungen Fensterscheiben einwerfen, er ersetzt sie und er verdient so den Lebensunterhalt für beide. Fünf Jahre später kommt die Mutter zurück. Sie ist inzwischen eine berühmte Opernsängerin geworden und fordert ihren Sohn zurück. Wieder ist Charlie allein. Aber alles geht gut aus: Die Sängerin heiratet den einsamen Charlie, der Junge bekommt einen Vater, Charlies schöner Traum wird wahr, alle drei finden zu einer glücklichen Familie zusammen. Chaplin reflektiert in seinem ersten abendfüllenden Spielfilm die eigene Kindheit.

Die Satzreihen bestehen jeweils aus vier Hauptsätzen.

2 Auf der Flucht vor der Polizei landet der arme Vagabund Charlie in einem Wanderzirkus, wird als Hilfsarbeiter engagiert, stört jedoch ohne sein Wissen die Nummern und wird unerwartet als Clown zur Attraktion des fahrenden Unternehmens ...

1898 sucht der Tramp Charlie sein Glück als Goldgräber in Alaska, findet in dem gutmütigen riesenhaften Big Jim einen Beschützer, erlebt eine Reihe von Abenteuern, verliebt sich in die attraktive Saloon-Tänzerin Georgia und endet schließlich als Millionär ...

Der Tramp Charlie will am Fließband der großen Fabrik Geld verdienen, er dreht durch, rennt mit Schraubenschlüsseln durch die Straßen, flieht vor der Polizei und wird schließlich in eine Heilanstalt eingeliefert. Gemeinsam mit der Landstreicherin Gamine will er der absurden Arbeitswelt den Rücken kehren ...

Seite 58:

1 Biografie Erich Kästners
Erich Kästner wurde am 23. Februar 1899 in Dresden geboren. Eine Ausbildung zum Volksschullehrer brach er ab, da ihm das strenge Erziehungssystem überhaupt nicht gefiel. 1919 ging Kästner nach Leipzig und studierte Geschichte, Philosophie, Germanistik und Theaterwissenschaft. Er arbeitete auch als Journalist und Theaterkritiker. Als seine Beiträge immer mutiger und kritischer wurden, verlor er 1927 seine Festanstellung. Er war aber weiter als freier Mitarbeiter für die Zeitung tätig. In der Folgezeit legte er sich vorsichtshalber mehrere Pseudonyme zu. Weil Kästner für Menschlichkeit und Frieden eintrat, wurden seine Bücher unter Hitler verboten. Nach dem Zweiten Weltkrieg wurde Kästner mit vielen Preisen ausgezeichnet. Erich Kästner starb am 29. Juli 1974 in München. Kästner hat Bücher für Kinder geschrieben. Seine Kinderromane werden heute noch gern gelesen, weil sie lustig, spannend und manchmal auch ein wenig traurig sind. Neben dem 1929 veröffentlichten Kinderbuchklassiker „Emil und

die Detektive" zählen „Pünktchen und Anton", „Das doppelte Lottchen" und „Das fliegende Klassenzimmer" zu seinen bekannten Werken.

2 Das doppelte Lottchen
Zwei zehnjährige Mädchen, Luise Palfy aus Wien und Lotte Körner aus München, treffen in einem Ferieninternat aufeinander. Sie können sich anfangs überhaupt nicht ausstehen, (vor dem Nebensatz) weil sie sich so ähnlich sehen. Nach einigen Nachforschungen stellt sich dann heraus, (vor dem Nebensatz) dass die beiden Zwillinge sind und durch die Scheidung ihrer Eltern auseinandergerissen wurden. Während Luises Vater als Komponist in Wien lebt, (nach dem Nebensatz) arbeitet Lottes Mutter in München. Als die Ferien zu Ende sind, (nach dem Nebensatz) vertauschen die Zwillinge ihre Rollen. Dies führt bei ihren nichts ahnenden Eltern zu einiger Verwirrung, (vor dem Nebensatz) da die beiden Mädchen ganz unterschiedliche Charaktereigenschaften besitzen. Sobald Lotte erfährt, (vor dem Nebensatz) dass der Vater eine neue Beziehung angefangen hat, (nach dem Nebensatz) wird sie vor Kummer krank. Nachdem die Mutter durch einen Zufall von der Begegnung der Schwestern und schließlich auch von der Krankheit erfahren hat, (nach dem Nebensatz) fahren Mutter und Luise nach Wien und die Familie findet wieder zusammen. Obwohl Kästners Roman im Jahre 1949 geschrieben wurde, (nach dem Nebensatz) ist sein Thema immer noch aktuell.

Seite 59:

1 Mark Twain: Tom Sawyer
„Tom Sawyer" spielt in der Mitte des 19. Jahrhunderts in Amerika. Tom lebt am Mississippi in dem kleinen Ort St. Petersburg als Waise bei seiner Tante Polly. Im selben Haus lebt auch sein Halbbruder Sidney. Er wird von allen Sid genannt und ist das genaue Gegenteil von Tom.

2 Tom schwänzt gern die Schule, prügelt sich und treibt sich nachts gern mit seinem besten Freund Huckleberry Finn herum. Sid ist immer brav, geht zur Schule und verpetzt Tom bei jeder Gelegenheit. Huckleberry Finn hat keinen festen Wohnsitz, seine Mutter ist tot, sein Vater ist ein stadtbekannter Trinker. Hucks Freiheit fasziniert Tom, er beneidet Huck oft darum.

3 Als die beiden Freunde einmal mitten in der Nacht auf dem Friedhof sind, werden sie Zeuge eines fürchterlichen Streits. Indianer Joe, Muff Potter und der junge Dorfarzt Robinson öffnen ein Grab und legen einen Leichnam auf eine Schubkarre. Der Doktor will, dass sie den Toten zu seinem Haus schaffen. Nachdem Potter von Robinson niedergeschlagen worden ist, ersticht Indianer Joe den Arzt mit Potters Messer. Dieses legt er dann dem bewusstlosen Potter in die Hand. Als Potter wieder zu sich kommt, nennt Joe ihn einen Mörder. Potter wirft das Messer zu Boden und ergreift die Flucht. Die Wahrheit kennen nur Tom und Huck. Sie schwören sich jedoch gegenseitig, dass sie nie etwas verraten werden, da sie höllische Angst vor Indianer Joe haben.

4 Am nächsten Tag wird der Mord entdeckt, das Messer wird identifiziert, Potter kommt ins Gefängnis, auf ihn wartet der Galgen. Huck und Finn besorgen sich Proviant und treiben mit einem Holzfloß zu einer Insel im Mississippi. Dort genießen sie das freie Leben, angeln, schwimmen, bauen Zelte und machen ihre Entdeckungen. Nachdem ein Unwetter alle Vorräte und ihr Lager zerstört hat, kehren sie nach Hause zurück. Als sie dort ankommen, findet gerade ihr Begräbnis statt. Sobald sie sich zu erkennen geben, ist die Freude der Trauergemeinde groß. Obwohl der Fall klar zu sein scheint, sind alle gespannt auf Muffs Gerichtsverhandlung. Schließlich betritt Tom den Zeugenstand ...

Seite 60:

2 Vor- und Nachteile Methode 1:
– kurz und bündig
– Lösung auf den ersten Blick erkennbar
– aber: kein Lerneffekt für Wörter ähnlicher Gruppen/Bereiche

Vor- und Nachteile Methode 2:
– sehr ausführlich und übersichtlich
– Lerneffekt groß
– ungeeignet, wenn es schnell gehen soll

– im Wort berichtigen: wenn die Schreibweise unabhängig von anderen Begriffen und nur das Wort selbst wichtig ist
– in Wortgruppen berichtigen: wenn die Schreibweise von vorhergehenden oder nachstehenden Begriffen abhängt (Signalwörter)
– im Satz berichtigen: wenn die Schreibweise vom Satz abhängt

3 Berichtigter Text:
Es war ein schöner Ferientag und ich ging zur Skaterbahn. Dort traf ich Sebastian und fragte ihn, ob ich sein Skateboard haben dürfte. Ich freute mich, dass er es mir sofort erlaubte. Zuerst klappte alles prima. Dann rutschte ich ab und das Skateboard schlug gegen meinen Kopf. Janos fuhr mich mit dem Fahrrad zum Krankenhaus. Dort half mir zuerst keiner weiter, die Notaufnahme musste ich selber finden. Die Wunde wurde mit fünf Stichen genäht.

Seite 61:

1 Korrigierter Text: Wühlen im Dreck
Auf die Maschinen, fertig, los! Ein lautes ROOAARR dröhnt über das Gelände, als die drei Jungs in die Gaspedale ihrer Bagger treten. Ein Druck auf den Steuerhebel – und die großen Schaufeln der Ungetüme graben sich tief in den dunklen Boden. Für Matschfans ist der Freizeitpark „Diggerland" (übersetzt: Buddelland) im englischen Örtchen Strood wirklich ein Paradies: Hier kann jeder in der Erde wühlen, Steine aufladen und mit Vollgas durch den Dreck rumpeln.
Sogar Knirpse dürfen das. „Raus, Dad! Das ist meiner!", ruft ein kleines Mädchen, als sich sein Vater auf seinen Kipbagger schmuggeln will. Als Diggerland vor einigen Jahren aufmachte, waren viele Leute skeptisch: Ob Kinder heute nicht lieber mit Computern spielen, fragten sie sich. Inzwischen haben die Betreiber wegen des großen Erfolges weitere Parks eröffnet. Allerdings ist der Spaß nicht ganz billig: Eine Tageskarte kostet gut 25 Euro.

2 Kurve (S. 620), Chlor (S. 287), Container (S. 292), korrigieren (S. 606), Cowboy (S. 293), Kordel (S. 604), Chrom (S. 288), Couch (S. 293), kreideweiß (S. 611), Collage (S. 291), kritzeln (S. 614), Crashkurs (S. 294)
Seitenzahlen bezogen auf: Duden 1, 24. Auflage

Seite 62:

2 Verlängerte Wörter: Stab: Stä be, Lump: Lum pen, Hand: Hän de, Haut: Häu te, Zwerg: Zwer ge, Werk: Wer ke.

4 wir schrieben, wir schreiben, wir wagen, die Wege, die Wälder, wir standen

5 Verlängerungsform und vollständige Sätze:
a) gab: gaben, Freund: Freunde, schlug: schlugen, fand: fanden, spannend: spannender
Sie gab ihrem Freund ein Buch, er schlug es auf und fand es sogar spannend.
b) mutig: mutiger, Dieb: Diebe, Raub: Raube

Mutig hinderte ein Bankkunde einen Dieb am Raub.
c) wagt: wagen, Weg: Wege, Wald: Wälder, sandig: sandiger, steinig: steiniger, fremd: fremder
Sie wagt es, den Weg durch den Wald zu nehmen, der sehr sandig, steinig und ihr auch völlig fremd ist.
d) schrieb: schrieben
Er schrieb vom Nachbarn ab.
e) rieb: rieben
Sie rieb sich die Hände.

6 der bärtige Mann, das eisige Wasser, die farbige Wand, das hungrige Mädchen, der lustige Clown, der mutige Junge, der sandige Untergrund, das spaßige Spiel

7 Die Endung (Suffix) heißt -ig. Beispiel durch Wortverlängerung: stachelig, der stachelige Igel
Begründung: das l gehört immer zum Wortstamm: Hügel + ig ...

Seite 63:

8 Richtige Wortreihe:
freundlich, bucklig, sommerlich, eklig, nebelig, ehrlich

9 Verlängerungsprobe:
wir beweisen – beweist, wir blasen – bläst, wir bremsen – bremst, die Gänse – die Gans, die Gase – das Gas, die Gläser – das Glas

10 die Lobrede – wir loben, die Halbzeit – ich halbiere, der Geduldsfaden – er geduldet sich, der Betrugsversuch – sie betrugen, das Zündholz – er zündete, sorgsam – sie sorgen, der Siebdruck – ich siebe, die Zugmaschine – sie zogen oder die Züge
Rechtschreibschwierigkeiten:
– das Preisschild: Doppelkonsonant „ss", Auslaut mit „d"
– kreisrund: Auslaut mit „d"

12 Berichtigte Wörter mit zweisilbiger Wortform:
– gelber Text: Weg (Wege), lang (lange), klagt (klagen), bang (bange), spät (später), Empfang (Empfänge)
– blauer Text: Abend (Abende), Wald (Wälder), Randstein (Ränder), Rund (Runde), Hand (Hände), Stand (Stände)
– grüner Text: Fahrraddieb (Diebe), Rad (Räder), blieb (blieben), schrieb (schrieben), hupte (hupen), merkte (merken), gab (gaben), Beobachtung (Beobachtungen), Fahrradkontrolleur (Fahrräder)

Seite 64:

1 wir-Formen:
bellt – wir bel·len – das Gebell
kennt – wir ken·nen – das Kennenlernen
brennt – wir bren·nen – der Brand
lässt – wir las·sen – die Lässigkeit
rennt – wir ren·nen – das Rennen
kommt – wir kom·men – das Kommen (und Gehen)
glimmt – wir glim·men – das Glimmen
brummt – wir brum·men – das Brummen
knallt – wir knal·len – der Knall
verpasst – wir verpas·sen – das Verpassen

2 ausgefüllte Sätze:
a) Ein wachsamer Hund bellt, wenn ein Fremder kommt.
b) Er kennt alle Geburtstage seiner Mitschüler.
c) Puh, die Sonne knallt so richtig vom Himmel!
d) Wenn das Licht brennt, dann ist es eingeschaltet.
e) Manchmal brummt auch der Kopf, dann hast du zu viel gearbeitet und dich zu sehr angestrengt.
f) André versucht sich zu befreien, doch Martina lässt nicht locker.
g) Die Asche im Kamin glimmt noch nach.
h) Jeden Morgen rennt er zum Bus, sonst verpasst er ihn.

3 Berichtigter Text:
Die Rennwagen rollen knatternd zur Startaufstellung. Ihre Motoren heulen und donnern. Das Rennen beginnt. Die Zuschauer starren gebannt auf die Rennstrecke. Später wird das Rennen mit der Zielflagge beendet.

Seite 65:

1 Wörter mit silbentrennendem h: drohen: dro hen, sehen: se hen, stehen: ste hen, ziehen: zie hen
Wörter mit Dehnungs-h: fahren: fah ren, fehlen: feh len, fühlen: füh len, führen: füh ren

2 Zuordnung:
drohen: droht, die Drohgebärde, die Drohung
sehen: sah, sieht, das Ansehen
stehen: steht, verstehen, gestehen
ziehen: zieht, die Erziehung, ausziehen
fahren: fährt, der Fahrer, fuhr
fehlen: fehlt, der Fehler, gefehlt
fühlen: fühlbar, das Gefühl, fühlt
führen: die Führung, führt, die Aufführung

3 – Wörter mit silbentrennendem h: früher, höher, nahe, die Schuhe, geschehen, beinahe, die Mühe, die Rehe, die Kühe, ruhen, blühen
– Wörter mit Dehnungs-h: das Fohlen, die Jahre, die Lehrerin, nehmen, ohne, die Uhren, wohnen, zählen, wählen, die Zähne

Seite 66:

1 Wortpaare:
die Äste – der Ast, die Späße – der Spaß, schwächer – schwach, wächst – wachsen, träumen – der Traum, wäscht – waschen, bräunlich – braun, die Bäuche – der Bauch, die Zäune – der Zaun

2 Verwandte Wörter:
aufgeräumt von Raum, beschädigen von Schaden, bläulich von blau, fälschen von falsch,
Geräusch von rauschen, häufig von Haufen,
kämpfen von Kampf, Päckchen von packen,
quälen von Qual, Sträucher von Strauch,
ausräumen von Raum, Gebäude von bauen,
äußerlich von außen, Häuptling von Haupt,
ungläubig von Glaube, Verkäufer von verkaufen,
täglich von Tag, prächtig von Pracht,
gesprächig von Sprache, häkeln von Haken,
verständlich von Verstand, schädlich von Schaden

3 Beispiele:
Angst – ängstlich, fangen – Fänger, faul – Fäulnis, das Kraut – die Kräuter, saugen – der Säugling, der Tag – täglich, taufen – der Täufer, die Wahl – der Wähler

Seite 67:

4 – äu: säubern, der Bräutigam, das Geräusch, häufig, säuerlich, der Wiederkäuer, zerstäuben, der Säugling
– eu: feucht, die Schleuder, die Leute, das Abenteuer, die Keule, das Steuer, heulen, die Scheune, die Eule

5 – ä (von Wörtern mit a ableitbar): lächeln, schwächlich, ärmlich, nähen, täglich, kränklich, die Gäste
– e: der Zwerg, streng, das Herz, eng, ehrlich, schnell

6 Ergänzter Text:
Beim Schimpansenkäfig haben wir häufig die Gesichtsausdrücke nachgeäfft, die Affen lächelten so komisch. Manche lagen auch nur schläfrig in den Ruhehäusern, suchten sich die Läuse aus dem Fell oder hängten sich an die Äste und pendelten hin und her.

8 Worterklärungen:
– die Fälle: eine bestimmte Angelegenheit und Plural von Fall, die Felle: Plural von einem Tierfell
– die Wälle: eine Art Mauer oder Böschung (Plural), die Welle: eine Bewegung im Wasser
– die Gewähr: eine Garantie oder Sicherheit, das Gewehr: ein Jagdinstrument
– die Wände: Plural von Wand, die Wende: ein Umkehrpunkt
– das Härchen: ein kleines oder dünnes Haar, das Herrchen: der Besitzer eines Haustieres
– Drähte: Plural von Draht, drehte: ich drehe einen Gegenstand
– die Gärten: Plural von Garten, die Gerten: ein Hilfsmittel beim Reiten (Plural)
– fällt: etwas fällt herunter oder einen Baum fällen, Feld: eine Fläche, z. B. für den Anbau von Kartoffeln
– Gäste: Plural von Gast, Besuch, Geste: eine Bewegung der Hände oder des Körpers
– Lärche: eine Baumgattung, Lerche: ein bestimmter Vogel

Seite 68:

1 Wörter mit Dehnungs-h:
bohren, die Fahne, gähnen, die Höhle, die Hühner, die Kehle, der Lehm, ehren, die Möhre, nehmen, der Rahmen, stehlen

2 Ausgefüllte Lücken:
a) Der König trägt oft eine goldene Krone.
b) Mein Onkel ist kein König, aber er hat vom Zahnarzt eine Krone bekommen.
c) Dieses Jahr gab es besonders viele Quallen.
d) Viele fahren mit dem Fahrrad zur Schule.
e) Wenn jemand große Töne spuckt, ist er ein Angeber.
f) Ich fahre gerne mit der Bahn.
g) Ein Schal ist ein langes, schmales Halstuch.

3 der Spurfehler, der Kramladen, der Ohrwurm, das Tonband, der Schmorbraten
– Dehnungs-h steht vor l, m, n, r, gehört zur ersten Silbe und zeigt an, dass der Vokal lang gesprochen wird.
– Beginnt ein Wort mit Qu/qu, Kr/kr, Kl/kl, Sp/sp, Sch/sch, T/t, steht nie ein Dehnungs-h. Dies gilt auch vor l, m, n, r.

Seite 69:

1 hei zen, der Dac kel, den ken, e keln, die Hit ze, die Wur zel, mer ken, die Käu ze, die Ker ze, krat zen, die Kreu ze, die Lu ke, die Mü cke, die Müt ze, die Pflan zen, quie ken, der Rü cken, schau keln, schen ken, scher zen, die Schnau ze, die Schnec ke, die Spit ze, spuc ken, spu ken, stin ken, tan zen, der Wei zen, wel ken, die Wit ze

2

Silbe geschlossen, kurzer Vokal	betonte Silbe geschlossen	Silbe offen, Vokal lang gesprochen
der Dackel, die Hitze, kratzen, die Mücke, die Mütze, der Rücken, die Schnecke, die Spitze, spucken, die Witze	denken, die Wurzel, merken, die Kerze, die Pflanzen, schenken, scherzen, stinken, welken, tanzen	heizen, ekeln, die Käuze, die Kreuze, die Luke, quieken, schaukeln, die Schnauze, spuken, der Weizen

Seite 70:

3

Spalte 1	Spalte 2	Spalte 3
sie backt	bac ken	Backstube, Bäcker
er lenkt	len ken	Lenkrad
es spukt	spu ken	Spukgespenst
er spuckt	spuc ken	Spucke
sie trinkt	trin ken	Getränk
er quiekt	quie ken	Gequieke

Spalte 1	Spalte 2	Spalte 3
es kratzt	krat zen	Kratzen
es grunzt	grun zen	Gegrunze
er heizt	hei zen	Heizung
es reizt	rei zen	Reiz
es nutzt	nut zen	Nutzung
er flitzt	flit zen	Geflitze

4 Um die richtige Schreibweise herauszufinden, kann man den Plural bilden: Fels – Felsen, Pelz – Pelze, …

5 Bei den Begriffen mit „tz" gehört die Buchstabenkombination zum Wortstamm. Bei der Buchstabenkombination „ts" gehört das t zum Wort selbst, das s ist jedoch nur ein Fugen-s, das auftaucht, wenn das Wort mit einem anderen Wort zusammengesetzt wird. Man kann es dann besser sprechen.

Seite 71:

1 Grü ße – Flüs se – Fü ße – Nüs se, Stra ße – Kas se, Ma ße – Klas se

2

Betonte Silbe offen, Vokal wird lang gesprochen	Betonte Silbe geschlossen, Vokal wird kurz gesprochen
Grüße, Füße, Straße, Maße	Flüsse, Nüsse, Kasse, Klasse

3 Reimpaare:
Grüße – Füße, Straße – Maße, Flüsse – Nüsse, Kasse – Klasse

4 Zweisilbige Wortform:
das Maß – die Ma ße, das Floß – die Flö ße, das Gefäß – die Ge fä ße, der Stoß – die Stö ße, sie heißt – wir hei ßen, es fließt – wir flie ßen, er grüßt – wir grü ßen, ich aß – wir a ßen, groß – ein gro ßes Haus, süß – ein sü ßer Pudel

5 Nur nach betonten, offenen Silben mit langem Vokal wird ß geschrieben.

6 die Küs se, die Klö ße, die Grü ße, die Päs se, die Spä ße, die Nüs se, die Flüs se, die Sträu ße, die Fäs ser, die Fü ße, die Stra ße, die Gas sen

7 Hassan bekam zum Geburtstag spaßige Geschenke: Klaus überließ ihm ein großes Gefäß voll mit weißen Zuckermäusen, einem süßen Schokokuss und einem passenden Verschluss. Leider fraß Dackel Willi alles Süße heimlich auf.

Seite 72:

8 a) Beiß – beißen, Nuss – Nüsse, Pass – passen, Maß – Maße, Vergiss – vergessen, Reiß – reißen, Begrüßung – grüßen, Gieß – gießen, Fress – fressen, Gruß – grüßen

b) der Beißring, der Nussknacker, die Passstelle, der Maßbecher, das Vergissmeinnicht, die Reißleine, die Begrüßung, die Gießkanne, der Fressnapf, die Grußkarte

9 Wortfamilien:
– wissen: wusste, gewiss, er weiß (etwas), wissbegierig
– vergessen: vergesslich, vergaß, unvergessen, vergiss
– schließen: geschlossen, schließt, schloss, entschließen
– gießen: gießt, goss, vergossen, die Gießkanne
– beißen: die Beißzange, verbissen, beißt, bissig

10 a) Das Hemd passt prima zur Hose.
b) Jeder Pass enthält ein Passbild.
c) Sie begrüßt jeden ganz lieb.
d) Ein Brief endet immer mit einer Grußformel.
e) Ihm ist der Spaß vergangen. Dabei ist er ein richtiger Spaßvogel.

Seite 73:

1 Brauchbare Wortformen:
– häufig: der Haufen, haufenweise
– schäumen: der Schaum, das Schaumbad, schaumig
– zufällig: wir fallen, die Falle
– empfindlich: finden, erfinden, die Erfindung
– kommt: wir kommen, ankommen
– Staubkorn: staubig, wir stauben

2 Leons Augen funkeln, als er sich sein erstes Stück der schön gestalteten Heftseite anguckt. Dann lenkt er seinen Blick auf die untere Ecke. Dort klebt eine plattgedrückte Mücke. Glücklicherweise hat er den Text ein zweites Mal ausgedruckt. „Noch einmal Glück gehabt", denkt er und klebt ihn flink darüber.

3 Im Wald konnte Simon ein Wildschwein beobachten. Es kratzte mit der Schnauze die Pflanzen zur Seite und fraß schmatzend Würmer und Wurzeln. Dann grunzte es kurz, kreuzte den Waldweg und flitzte wie der Blitz ins Gebüsch.

4 Bautzen, Bentzin, Deutzen, Dietzenbach

5 Die erste Silbe in Füße ist offen und der Vokal wird lang gesprochen.

6 – gießt, weil gießen
– nass, weil Nässe
– lässt, weil lassen
– saß, weil saßen

7 … weil die erste Silbe mit Sch/sch beginnt.

Seite 74:

1 Verbundene Sätze:
a) Die Mathematiklehrerin weiß, dass Mathematik nicht nur aus Zahlen und Formeln besteht. Sie beweist ihren Schülerinnen und Schülern, dass Mathematik auch Spiel und Spaß bedeuten kann.
b) Sven weiß, dass das Angeln aufregend sein kann. Er erklärt während eines Vortrags, dass man natürlich auch viel über das Angeln wissen muss.
c) Bert vermutet, dass Schüler lieber Zeitschriften als dicke Bücher lesen. Andere meinen, dass man das nicht verallgemeinern dürfe.

2 a) Ich meine, dass für die Ordnung in der Klasse jeder zuständig ist.
b) Ich befürchte, dass sich nicht viel ändern wird.
c) Ich wünsche (mir), dass einer die Verantwortung übernimmt.
d) Ich rechne damit, dass keiner sich freiwillig meldet.
e) Ich weiß, dass es an mir hängen bleibt.
f) Ich hoffe, dass wenigstens einer mir hilft.

Seite 75:

1 Signalwörter: am, im, das, sein, der, vom, die, eine, …

2 am großen, alten Baum; im runden Turmfenster; das ungute Gefühl; sein ängstlicher Blick und der unsichere Gang; vom knorrigen Baumstumpf aus; die umgestürzte Leiter; schwaches Licht; verdächtige Geräusche; lange, dunkle Schatten; eine unheimliche Stille; sein pochendes Herz; ein lustiger, unvergesslicher Streich

4 Der Baum als Lebensraum
Der Baum dient vielen Tieren als wichtiger Lebensraum. Auf ihm findet man eine Fülle von unterschiedlichen Tierarten. Die meisten Tierarten sind sehr klein und gehören zur Gruppe der Wirbellosen. Man hat festgestellt, dass auf einer ausgewachsenen Eiche bis zu 300 verschiedene Insektenarten vorkommen. 100 davon gehören zu den Schmetterlingen. Ihre Larven leben in und auf den Blättern. Die Bäume müssen sich gegen den Raub ihrer Nährstoffe und auch gegen kleine und große Beschädigungen wehren. Bäume haben dazu verschiedene chemische Stoffe entwickelt, die in den Blättern und im Holz gespeichert werden.

Seite 76:

5 Nomen mit den Wortbausteinen:
-ung: Wohnung, Übung, Lesung, Befragung, Fälschung, Meinung, Vergebung
-heit: Bosheit, Dummheit, Freiheit, Neuheit, Krankheit, Seltenheit, Verrücktheit
-keit: Dankbarkeit, Fähigkeit, Flüssigkeit, Freundlichkeit, Sauberkeit, Übelkeit, Zärtlichkeit
-nis: Ärgernis, Erlaubnis, Erlebnis, Gleichnis, Geheimnis, Hindernis, Kenntnis

6 die Ärgernisse, die Erlaubnisse, die Erlebnisse, die Gleichnisse, die Geheimnisse, die Hindernisse, die Kenntnisse

Seite 77:

1 a) Bei der letzten Arbeit ist uns das Lachen vergangen. Während der letzten Arbeit konnte kaum einer lachen.
b) Ich schreibe gern lange Geschichten. Beim Schreiben brauche ich viel Ruhe.
c) Er muss oft rechnen. Sein Rechnen muss er aber noch verbessern.
d) Vor dem Essen waschen wir uns heute besonders sorgfältig die Hände. Die Spaghetti essen wir nämlich gern mit den Fingern.

3 richtige Schreibweise der Wörter, Nomen mit Erkennungswort:
– erarbeiten, das Beschädigen, das laute Rufen, das Rumschreien, unterlassen, stören
– des Lachens, lachen, das Grinsen, ein schadenfrohes Lachen, das Kichern, ein leises Lachen, lächeln, das Lachen
– schreiben, das ordentliche Schreiben, lernen, beim Schreiben, vorschreiben, beim Vorschreiben, konzentrieren, beim Überarbeiten, das Rechtschreiben

Seite 78:

1 Sätze mit korrigierten Anfangsbuchstaben:
a) Wir treffen uns an der grünen Bank. Wir fahren dann ins Grüne.

b) Vergiss nicht, für das Süße, das Saure und das Gebratene zu sorgen.
c) Peter isst gern die süßen Kirschen, Karin lieber die sauren Äpfel aus dem Garten und Thomas braucht unbedingt sein gebratenes Hähnchen am Grill.
d) Ich habe im Moment vom Süßen und von dem Sauren die Nase voll, auch vom Gebratenen.

2 a) Es war ein großartiges Fest. Wir haben etwas Großartiges erlebt.
b) Alles Langweilige war wie weggeblasen. Mir war nie langweilig.
c) Manches Falsche und viel Dummes wird erzählt.
d) Das sind aber alles falsche Behauptungen und dumme Gerüchte.

3 a) Das Schöne muss man nicht immer in der Ferne suchen.
b) Die nähere Umgebung hat oft viel Interessantes und manches Kostbare zu bieten.
c) Für die Kleinen gibt es vielfältige Spielangebote, für die Großen Fahrradtouren.
d) Zur Stärkung gibt es unterwegs viel Schmackhaftes in den Kiosken und Restaurants.

Seite 79:

3 passende Adverbien:
a) Während der Ferien gehe ich abends spät ins Bett.
b) In die Klassenkasse zahlt jeder monatlich 2 Euro.
c) Ich gehe jährlich zweimal zur Zahnuntersuchung.
d) Viele Raubtiere gehen nachts auf Beutezug.
e) Ich gehe montagabends immer zum Training.
f) Ich komme morgens nie aus dem Bett.

Seite 80:

1 und **2** a) Zauberei
Gestern Abend hat Jana für die Zauberstunde am nächsten Morgen einen Trick gesucht. Beim Blättern im Zauberbuch fand sie einen Trick mit Wasserglas und Münze. Für die Vorführung will sie als Zauberin auftreten. Beim Nähen des Zauberkostüms war sie auf die Hilfe der ganzen Familie angewiesen.
Schon morgens vor dem Aufstehen probiert sie alles Wichtige noch einmal mit besonderer Aufmerksamkeit aus. Beim Proben überlegt sie auch einen Zauberspruch. Vor ihr auf dem Tisch liegt ein knallroter Papierbogen. Darauf steht ein Wasserglas mit der Öffnung nach unten. Daneben liegt ein glänzendes Eurostück. Zum Abdecken des Glases benutzt sie ein weißes Tuch. Dann hebt sie beides hoch und spricht ihren Zauberspruch. Nach dem Absetzen des Glases soll ein Mitschüler das Tuch wegnehmen. Dann ist die Münze spurlos verschwunden. Etwas Genaueres und besonders Überraschendes über den Ablauf des Tricks will sie der Klasse erst später verraten.
Und so geht der Trick:
Man braucht zwei gleichfarbige Papierbögen. Aus einem schneidet man eine Scheibe aus, die genau auf die Öffnung des Wasserglases passt, und klebt sie auf die Glasöffnung. Den unzerschnittenen Bogen legt man auf den Tisch. Das Wasserglas stellt man mit der zugeklebten Öffnung nach unten darauf und legt eine Münze daneben. Man überdeckt Glas und Münze geheimnisvoll mit einem Tuch und sagt einen Zauberspruch. Danach wird das Glas mit dem Tuch hochgehoben und unauffällig über die Münze gestülpt. Jetzt wird das Tuch weggezogen und die Münze ist verschwunden.
b) Zeitangaben im ersten Abschnitt:
Gestern Abend, am nächsten Morgen, (schon) morgens, beim Blättern, beim Nähen, beim Proben, dann, nach dem Absetzen, erst später

Mit Attributen Nomen näher bestimmen

1 Lies den Text und erkläre den Unterschied zwischen Laub- und Nadelbäumen.

Woran können wir Bäume erkennen?

Man unterscheidet zwei große Gruppen von Bäumen: Laub- und Nadelbäume. Laubbäume haben große, weiche Blätter. An ihnen und ihren Früchten kannst du sie leicht auseinanderhalten. Nadelbäume haben schmale, harte und oft piekende „Blätter", die sie größtenteils im Winter behalten. An diesen Nadeln, aber auch an den Zapfen, an der Rinde und an der Krone kannst du die Nadelbäume erkennen. 5
Die zwei Nadelbäume, die die meisten Menschen schwer unterscheiden können, sind die Fichte und die Tanne, denn sie haben viele Ähnlichkeiten miteinander.
Die Tanne hat kurze, weiche <u>Nadeln</u>, die dunkelgrün und glänzend sind. Sie hat aufrecht stehende <u>Zapfen</u>, die sich nur oben in der Krone befinden und nicht als Ganzes herunterfallen. Die Tanne hat eine helle, weißgraue <u>Rinde</u>, die zunächst 10 glatt ist und im Alter schuppig wird.

Die Fichte hat dagegen etwas längere und spitzere Nadeln, die rund um den Zweig angeordnet sind, und herunterhängende Zapfen, die als Ganzes abfallen. Im Gegensatz zu den weichen, wohlriechenden Tannennadeln sind Fichtennadeln ziemlich spitz und pieksen. „Die Fichte sticht, die Tanne nicht!" Die Fichte hat eine braune 15 Rinde mit vielen Rissen.
Tannen und Fichten sind auch leicht zu unterscheiden mit einem Blick nach oben: Die Fichte hat eine spitze, die Tanne hingegen hat eine abgeflachte <u>Krone</u>, die aussieht wie ein Storchennest. „Tannenzapfen" zu finden ist übrigens ein Kunststück, warum? 20

2 Beschreibe die Merkmale der **Tanne** möglichst genau. Suche im Text die unterstrichenen Nomen und trage die genaueren Angaben in die Tabelle ein.

links steht es genauer ←	Bezugswort	→ rechts steht es genauer
kurze, weiche	Nadeln	
	Zapfen	*die sich nur oben in der Krone befinden und …*
	Rinde	
	Krone	

3 Sammle auch die Merkmale der **Fichte**. Lege dazu eine Tabelle auf einem Zusatzblatt an und trage die Attribute ein.

4 Finde heraus, um welche Attribute (Adjektive, Wortgruppen, Relativsätze) es sich handelt.

➡ *Einen Überblick über die wichtigsten Attribute findest du im Schülerband auf Seite 281.*

Attribute bestimmen, unterscheiden und für das Textverstehen nutzen

Überprüfe dein Wissen und Können

1 Lies die Zeitungsmeldung und fasse den Inhalt in einem Satz zusammen:

Hund verjagt Einbrecher
Nordhorn. Am <u>Weihnachtstag</u> gelangte eine <u>Person</u> gegen 21.30 Uhr auf das Grundstück einer Familie am Gildehauser Weg. Der <u>Hund</u> der Familie bemerkte den <u>Gast</u> und schlug an. Nachdem der Hund in den Garten gelassen wurde, flüchtete die Person über eine <u>Mauer</u>. Bei der Flucht konnte der Hund dem <u>Täter</u> einen Schuh abnehmen.

2 Welche Adjektive passen zu den unterstrichenen Nomen? Füge sie als Attribute zu den Nomen ein und schreibe die überarbeitete Meldung ab:
Am <u>ersten</u> Weihnachtstag ...
ungebetenen   unbekannte   ersten   wachsame   überraschten   hohe

_____

_____

_____

_____

_____

_____

3 Lies die folgende Kurzmeldung und berichte, was passiert ist.

Autodiebe kidnappen Löwen
Unbekannte haben einen Löwen gestohlen (am Mittwochabend / in Wuppertal). Das Raubtier befand sich in einem Kleintransporter, der nicht als Zirkuswagen gekennzeichnet war. Die Täter hatten die 150 Kilo schwere Raubkatze zunächst nicht bemerkt (wahrscheinlich). Als sie sich bemerkbar machte, fuhren die Diebe gegen ein Verkehrsschild (vor Schreck). Anschließend flohen sie (zu Fuß). Unfallzeugen alarmierten die Polizei. Diese fuhr den Unfallwagen mit dem Löwen Caesar an Bord auf den Parkplatz eines Abschleppdienstes. Das Tier harrte dort aus (die ganze Nacht). Dass sich der gestohlene Löwe auf dem Laster befand, stellte sich erst heraus (am nächsten Vormittag). Der Zirkus hatte eine Diebstahlanzeige erstattet (nämlich). Caesar überstand den nächtlichen Diebstahl (glücklicherweise / ohne Schaden).

4 Der Reporter hat wichtige Informationen vergessen. Füge die Hinweise in den Klammern als adverbiale Bestimmungen in den Text ein:
<u>Am Mittwochabend</u> haben Unbekannte ...

Achte auf die richtige Satzstellung. Oft gibt es mehrere Möglichkeiten.

Satzglieder wiederholen

1 Lies das Gedicht von James Krüss. Vervollständige die Strophen mithilfe der folgenden Satzglieder:

ein Freibier   auf der Wiese   ihre Kätzchen   ein Dichter   holen
zur Bierbrauerei   dem Herrn   den Brei   an Zäunen   im Mai

James Krüss

Was tut man im Mai?

Was tun die Katzen im Mai?

Sie lecken und schlecken _____,

erziehen _____

und jagen die Spätzchen.

Das tun die Katzen im Mai.

Was tun die Hunde im Mai?

Sie rasen _____ vorbei,

sie wickeln die Leine

_____ um die Beine.

Das tun die Hunde _____.

Was tun die Pferde im Mai?

Sie trappeln _____.

Sie _____ das Maibier

und schlürfen _____.

Das tun die Pferde im Mai.

Was tut _____ im Mai?

Er legt sich ins grabbelige Heu,

er reimt _____

Gedichte wie diese

und kratzt und juckt sich dabei.

2 Bestimme die eingesetzten Satzglieder mithilfe von Fragen:
Wen oder was schlecken die Katzen? → den Brei → Akkusativobjekt.

_____

_____

➡ *Einen Überblick über die Satzglieder findest du im Schülerband auf Seite 222.*

_____

_____

_____

3 Ermittle die Satzglieder in den blau geschriebenen Sätzen durch die Umstellprobe und bestimme sie.

Über Sprachen nachdenken

1 In einem Englisch-Schulbuch finden sich folgende Ideen, wie die **Schule der Zukunft** aussehen könnte. Vergleiche das englische Original (links) mit der deutschen Übersetzung (rechts).
a) Welche Wörter aus dem Englischen sind direkt ins Deutsche übernommen?
b) Zwischen welchen Wörtern kannst du eine große Ähnlichkeit feststellen?

PCD: Personal Computer Display
All pupils will have a small computer with their timetable, electronic textbooks, email, and voice mail.
With their PCD they will be able to search for information for projects and do their homework.

PCD: Personal Computer Display
Alle Schüler werden einen kleinen Computer mit ihrem Stundenplan, elektronischen Textbüchern, E-Mail und Mailbox haben.
Mit ihrem PCD werden sie in der Lage sein, Informationen für Projekte zu suchen und ihre Hausaufgaben zu machen.

2 Lies den ersten Satz im deutschen Text und markiere das Prädikat.
a) Versuche herauszufinden, wo das Prädikat im englischen Satz zu finden ist.
b) Die Prädikate bestehen im Deutschen und Englischen aus zwei Teilen. Schreibe den Regelsatz für das Englische zu Ende.

Im Deutschen stehen die beiden Teile des Prädikats nicht nebeneinander.

Im Englischen dagegen _____.

3 Woran kannst du am deutschen und am englischen Text erkennen, dass Zukunftsideen ausgedrückt werden?

_____

→ Hinweise für das Deutsche findest du im Schülerband auf Seite 212–213.

Classrooms
There will be no boards and no pens.
Everything <u>that the teacher tells his pupils</u> will go onto a digital e-board <u>which is linked to the pupils' PCDs</u>.

Klassenzimmer
Dort wird es keine Tafeln und keine Stifte geben. Alles, was der Lehrer seinen Schülern sagt, wird auf einer digitalen elektronischen Tafel erscheinen, die mit den PCDs der Schüler verbunden ist.

4 Vergleiche die beiden Texte:
a) Unterstreiche im deutschen Text die Nebensätze. Im Englischen sind sie bereits unterstrichen.
b) Wie unterscheidet sich die Stellung des Prädikats in deutschen und englischen Nebensätzen? Setze in die Regelsätze passend ein: *nach dem Subjekt, am Ende.*

→ Hinweise auf die Stellung des Prädikats im deutschen Nebensatz findest du im Schülerband auf Seite 224.

Im Deutschen steht das Prädikat _____ des Nebensatzes.

Im Englischen steht das Prädikat _____.

Die Stellung des Prädikats in deutschen und englischen Sätzen miteinander vergleichen

Ersatzprobe: Wiederholungen vermeiden

1 Lies den Text und unterstreiche alle anderen Wörter (Synonyme) für „Telefonzelle".

Telefonhäuschen ade?

Wo hast du zuletzt eine Telefonzelle gesehen? Ganz am Anfang hat man ihnen seltsame Namen wie „Fernsprechkiosk" oder „Straßensprechzelle" gegeben. 1881 ging die erste Telefonzelle Deutschlands in Berlin in Betrieb.

Bald war es normal, dass vor den Kabinen lange Schlangen standen – voller ungeduldiger Menschen, die darauf warteten, dass der Typ am Hörer endlich zu telefonieren aufhörte. In den letzten zwanzig Jahren verschwanden immer mehr Fernsprechhäuschen, weil die Menschen inzwischen lieber mit dem Handy anrufen, als nach den gelben und graulila Häuschen zu suchen. Hat das alte Telefonhäuschen ausgedient?

→ *Hinweise, wie man mit der Ersatzprobe Wiederholungen vermeiden kann, finden sich im Schülerband auf Seite 228/229.*

2 Warum hat der Autor wohl verschiedene Wörter für „Telefonzelle" verwendet?

3 Lies den Bericht, warum Jugendliche so oft telefonieren. Überlege, welche Synonyme du für das Wort „telefonieren" verwenden und einsetzen könntest. Überarbeite den Text und schreibe ihn auf ein Zusatzblatt.

Warum telefonieren Jugendliche so viel?

Viele Jugendliche telefonieren ständig. Sie telefonieren deutlich mehr als ihre Eltern. Warum telefonieren sie so viel? Sie haben mehr zu telefonieren, denn die Pausen in der Schule reichen für Unterhaltungen nicht aus. Sie telefonieren mit ihren Freunden, um mit ihnen über die Schule, Erlebnisse am Wochenende oder auch über Erfahrungen mit Jungen und Mädchen zu sprechen. Wenn es nur ein Telefon in der Familie gibt, ärgern sich die Eltern darüber, dass die Kinder ständig telefonieren. Wenn Jugendliche oft miteinander telefonieren, erhöht dies auch die Telefonkosten. Schöner als telefonieren ist aber immer noch, wenn man sich persönlich treffen und quatschen kann.

4 Lies den Bericht über Fernsehsucht und ersetze das Wort „Fernseher" durch passende Synonyme.

Auszug aus einem Synonymenwörterbuch:

Fernseher
TV, Glotze, Flimmerkasten, Television, Bilderlampe, Fernsehapparat, Mattscheibe, Heimkino, Idiotenlampe, Kiste, Fernsehgerät, TV-Gerät, Flimmerkiste, Glotzofon, Röhre, Fernsehtruhe [hist.], Glotzkiste, Glotzkasten, Kasten.

Einfach abschalten?

Viele Kinder schalten, sobald sie nach Hause kommen, den Fernseher ein. Und dann hocken sie den ganzen Nachmittag vor dem Fernseher. Experten haben schon oft darauf hingewiesen, dass die viele Zeit vor dem Fernseher der Gesundheit schadet. Übergewicht, Rückenschmerzen und Augenschäden treten auf, wenn man zu lange vor dem Fernseher sitzt.

5 Vergleicht eure Texte. Warum hast du gerade diese Synonyme verwendet? Begründe deine Auswahl.

Texte durch Verwendung von Synonymen überarbeiten

Umstellprobe: Abwechslungsreich formulieren

Eichhörnchen

Eichhörnchen halten keinen Winterschlaf! Sie schlafen zwar sehr viel, wachen aber zwischendurch immer wieder auf und fressen.

a) Sie haben Nüsse, Eicheln und Bucheckern im Herbst gesammelt.

b) Sie vergraben die Nahrung unter den bunten Herbstblättern.

c) Sie vergessen ihre Verstecke oft.

d) Neue kleine Bäume wachsen dort im Frühjahr.

e) Die Eichhörnchen sind aus diesem Grunde richtig gute Förster!

1 Finde in den Sätzen a)–e) mithilfe der Umstellprobe die verschiedenen Satzglieder. Unterstreiche sie mit verschiedenen Farben.

→ *Einen Überblick über die Sprachproben findest du im Schülerband auf Seite 216.*

2 Überarbeite den Text und überlege, welche Satzglieder du betonen und an den Satzanfang stellen möchtest.

3 Lies den Lexikonartikel und überarbeite ihn mithilfe der Hinweise am Rand. Mache Umstellproben. Schreibe den überarbeiteten Text in dein Heft.

Im Herbst fressen Igel sich einen dicken Winterspeck an. ← *Betone, wer sich den Winterspeck anfrisst.*

Sie mögen besonders gern Schnecken, Käfer, Würmer und Spinnen. Der Winterspeck schützt sie vor der Kälte. ← *Betone, was sie besonders gerne mögen.*

Die Igel verstecken sich unter Blätterhaufen zum Winterschlaf bis Anfang April. ← *Betone, wie lange die Igel schlafen.*

Die Igel fressen in dieser Zeit nicht, sondern zehren von ihren Fettreserven. ← *Betone, wann die Igel nicht fressen.*

Texte durch Umstellproben überarbeiten und Autorintentionen präzisieren

Überprüfe dein Wissen und Können

1 Schau dir das Foto an und lies die Bildunterschrift:
a) Mache die Umstellprobe: Aus wie vielen Satzgliedern besteht die Bildunterschrift?
b) Welches Satzglied würdest du an die erste Stelle setzen? Warum?

2 Lies den Anfang des Berichts und finde heraus, aus wie vielen Satzgliedern die einzelnen Sätze bestehen.

Die ersten Storchenmännchen sind nach Angaben des Naturschutzbundes Ende Februar in Deutschland eingetroffen.

Störche im Anflug

Die ersten Störche kehren nach Deutschland zurück. Im Süden Deutschlands sitzen die Storchenmännchen bereits Ende Februar auf ihren Nestern. Die Weibchen kommen später aus dem Süden zurück. Sie suchen sich dann einen Partner aus und setzen sich ins gemachte Nest.

3 Bestimme die Satzglieder mithilfe der W-Fragen genauer:
Unterstreiche mit verschiedenen Farben Subjekte, Prädikate, Objekte und adverbiale Bestimmungen.

4 Lies, was du weiter über Störche erfährst. Formuliere abwechslungsreich und stelle in den unterstrichenen Sätzen die Satzglieder um. Überlege, welche Satzglieder du betonen und an den Anfang stellen möchtest.

Störche sind Zugvögel. <u>Sie fliegen im Winter nach Afrika.</u>

<u>Sie kehren jedes Jahr im Frühling zu ihrem Nest zurück.</u>

<u>Mutige Störche kommen bereits im Februar nach Europa.</u>

Die Störche haben dann noch die freie Auswahl: <u>Die besten Nester sind später besetzt.</u>

Für Störche ist die Kälte kein Problem. <u>Sie haben selbst im Schnee warme Füße.</u>

<u>Die Zugvögel finden allerdings im Winter oft keine Insekten zum Fressen.</u>

Texte durch Umstellproben überarbeiten und Autorintentionen präzisieren

Konjunktionen verbinden Sätze

1 Verbinde die Sätze in dem folgenden Text mit passenden Konjunktionen:
denn   weil   da   sobald   wenn   als   deshalb   nachdem

Warum Menschen manchmal weinen

Hast du dir schon einmal weh getan und erst angefangen zu weinen, _____ du das Blut an der Wunde gesehen hast? Du hast also erst geweint, _____ du darauf aufmerksam machen wolltest, dass du Hilfe brauchst. Viele Forscher sind der Meinung, dass wir weinen, _____ wir Aufmerksamkeit bekommen oder vor Gefahren warnen wollen. Babys und Kleinkinder weinen häufiger, _____ sie sich ja noch nicht selbst helfen können. Wir wollen beachtet werden, _____ weinen wir und nicht wegen der Schmerzen. Übrigens flennen nur Menschen, _____ Tiere können nicht weinen. Automatisch heulen wir beispielsweise, _____ wir Zwiebeln schneiden oder wenn uns eine Fliege ins Auge fliegt. Die Tränen reinigen wieder unser Auge.

→ *Hinweise zu wichtigen Konjunktionen finden sich im Schülerband auf Seite 224/225.*

2 Lies die folgende Meldung und verbinde die unterstrichenen Sätze mit den angegebenen Konjunktionen. Schreibe die überarbeitete Meldung auf ein Zusatzblatt.

Klingeln im Bauch
Kairo. Eine Kuh in Ägypten hat auf eindrucksvolle Art und Weise gezeigt, wie stabil Mobiltelefone sind. <u>Eine junge Frau vermisste ihr Handy. Sie hatte ihrer Mutter im Kuhstall beim Füttern der Tiere geholfen</u> (nachdem).
<u>Sie wählte ihre Nummer von einem anderen Apparat aus. Sie wollte das Mobiltelefon auf diese Art und Weise finden</u> (weil). <u>Sie wählte die Nummer. Sie vernahm ein leises Klingeln</u> (als).
Sie folgte dem Klingelton und stellte fest, dass das Geräusch aus dem Bauch einer Kuh kam. Das Tier hatte das Handy gefressen!
<u>Gesundheitsprobleme der Kuh sind nicht bekannt. Handys sind sicherlich nicht sehr bekömmlich</u> (obwohl). Das Handy kam übrigens auf natürlichem Wege wieder ans Tageslicht.

3 Lies die Meldung und setze die fehlenden Konjunktionen ein:

Ungeplanter Imbiss

London. Eine Fliege flog geradewegs in den Mund eines britischen Nachrichtensprechers, _____ dieser eine Meldung verlesen wollte. _____ Jonathan Hill sich ekelte, würgte er die Fliege herunter. Er biss so mutig die Zähne zusammen, _____ er das Tier in der Live-Sendung nicht ausspucken konnte. _____ er zur besten Sendezeit über den Bildschirm flimmerte, konnten Millionen Zuschauer das Spektakel verfolgen.

Satzgrenzen erkennen, Satzschlusszeichen setzen

1 Lies den Text über Charlie Chaplin. Warum ist er schwierig zu lesen?

Charlie Chaplin

Charlie Chaplin

Charles Spencer Chaplin wurde 1889 in einem Armeleuteviertel in London geboren die Eltern waren beide Künstler sie trennten sich kurz nach Charlies Geburt sein Vater starb 1901 durch Alkohol, seine Mutter Hannah Chaplin war sehr oft krank Charles und sein Halbbruder Sidney wuchsen deshalb auch in Heimen und Internaten auf seine Karriere begann Chaplin im Alter von neun Jahren mit 19 Jahren bekam er ein Engagement bei einer bekannten englischen Theatergruppe dort spielte er mit großem Erfolg seine erste richtige Rolle dann ging die Gruppe auf Tournee in die USA dort sah ihn eines Abends der Regisseur und Filmproduzent Mac Sennett Chaplin bekam einen Vertrag als Filmkomiker Chaplins Karriere hatte begonnen nach einigen Jahren führte er selbst Regie und erhielt kaum vorstellbare Traumgagen seine Filme liefen in der ganzen Welt. 5 10

2 Lies den Text noch einmal und versuche, Sinneinheiten zu erfassen.
Wann ist eine Sinneinheit zu Ende? Wann beginnen neue Informationen?
Füge dort mit einem Bleistift einen Strich ein.

3 Setze zwischen die Sinneinheiten Punkte. Achte auf die Großschreibung des
Satzanfangs.

4 Ein Film-Fan hat im Internet einen Beitrag verfasst, bei dem alle Satzschlusszeichen fehlen. Setze Punkte, Doppelpunkte, Ausrufezeichen und Fragezeichen.

Gibt es überhaupt bessere Filme als die von Charlie Chaplin Viele meinen, dass der Stummfilm nicht mehr so aktuell ist, aber ich bin fest davon überzeugt Chaplins Filme veralten nicht Die Filme finde ich einfach wunderschön Chaplin hat fast nur gute Filme gemacht „The Kid", „Goldrausch", „Lichter der Großstadt" oder „Moderne Zeiten" „Moderne Zeiten" muss man einfach gesehen haben Die Story ist klasse und zeigt auch sehr viel Weltgeschichte Der Film ist einfach großartig Die Szene, wo der Mechaniker plötzlich in die Getrieberäder fällt, schaue ich mir immer wieder gern an „Goldrausch" ist Chaplins populärster Film
Gibt es etwas Lustigeres als die berühmte Szene, wenn Charlie einen Schuh verspeist Warum gibt es diese Filme nicht öfter im Fernsehen zu sehen 5 10

Nach Sinneinheiten einen Punkt setzen

Aufzählungen erkennen, Kommas setzen

Wenn man **Hauptsätze** aneinanderreiht, um zu betonen, dass sie zusammengehören, werden sie durch ein Komma getrennt.
Vor und oder oder braucht kein Komma zu stehen.
Wenn Hauptsätze aneinandergereiht werden, die dasselbe Subjekt haben, braucht das Subjekt nur im ersten Satz genannt zu werden.

→ *Vergleiche die Hinweise im Schülerband auf Seite 230.*

1 Lies die Zusammenfassung über Charlie Chaplins berühmten Film „The Kid" („Das Kind"). Aus wie vielen Hauptsätzen bestehen die markierten Satzreihen? Trenne die Sätze durch Kommas.

The Kid (1921)

Eine Frau setzt ihr uneheliches Kind aus. Charlie findet das Kind in den Londoner Slums er nimmt den Kleinen auf er gibt ihm den Namen John und er kümmert sich wie ein Vater liebevoll um ihn. Die beiden schlagen sich so gut es geht durchs Leben. Charlie arbeitet als Glaser er lässt den Jungen Fensterscheiben einwerfen
5 er ersetzt sie und er verdient so den Lebensunterhalt für beide. Fünf Jahre später kommt die Mutter zurück. Sie ist inzwischen eine berühmte Opernsängerin geworden und fordert ihren Sohn zurück. Wieder ist Charlie allein. Aber alles geht gut aus: Die Sängerin heiratet den einsamen Charlie der Junge bekommt einen Vater Charlies schöner Traum wird wahr alle drei finden zu einer glücklichen Familie zu-
10 sammen. Chaplin reflektiert in seinem ersten abendfüllenden Spielfilm die eigene Kindheit.

2 Lies die Kurzankündigungen einiger berühmter Filme von Charlie Chaplin. Setze die fehlenden Kommas ein. Ihr könnt auch zu zweit arbeiten.

Der Zirkus

Komödie,
USA 1928

Regie:
Charlie Chaplin

Auf der Flucht vor der Polizei landet der arme Vagabund Charlie in einem Wanderzirkus wird als Hilfsarbeiter engagiert stört jedoch ohne sein Wissen die Nummern und wird unerwartet als Clown zur Attraktion des fahrenden Unternehmens ...

Goldrausch

Komödie,
USA 1924

Regie:
Charlie Chaplin

1898 sucht der Tramp Charlie sein Glück als Goldgräber in Alaska findet in dem gutmütigen riesenhaften Big Jim einen Beschützer erlebt eine Reihe von Abenteuern verliebt sich in die attraktive Saloon-Tänzerin Georgia und endet schließlich als Millionär ...

Moderne Zeiten

Slapstickfilm,
USA 1937

Regie:
Charlie Chaplin

Der Tramp Charlie will am Fließband der großen Fabrik Geld verdienen er dreht durch rennt mit Schraubenschlüsseln durch die Straßen flieht vor der Polizei und wird schließlich in eine Heilanstalt eingeliefert. Gemeinsam mit der Landstreicherin Gamine will er der absurden Arbeitswelt den Rücken kehren ...

3 Wie heißt dein Lieblingsfilm? Fasse die Handlung des Films wie in den Beispielen zusammen. Du kannst daraus auch eine Aufgabe zur Kommasetzung für einen Partner machen.

Nebensätze erkennen, Kommas setzen

➜ Hinweise zur Bestimmung von Nebensätzen findest du im Schülerband auf Seite 224/225.

➜ Hinweise, wo überall ein Komma steht, findest du im Schülerband auf Seite 230.

1 Lies die Biografie über Erich Kästner. Unterstreiche beim zweiten Lesen die Nebensätze und trenne sie von den Hauptsätzen durch Kommas ab.

Biografie Erich Kästners

Erich Kästner wurde am 23. Februar 1899 in Dresden geboren. Eine Ausbildung zum Volksschullehrer brach er ab da ihm das strenge Erziehungssystem überhaupt nicht gefiel. 1919 ging Kästner nach Leipzig und studierte Geschichte, Philosophie, Germanistik und Theaterwissenschaft. Er arbeitete auch als Journalist und Theaterkritiker. Als seine Beiträge immer mutiger und kritischer wurden verlor er 1927 seine Festanstellung. Er war aber weiter als freier Mitarbeiter für die Zeitung tätig. In der Folgezeit legte er sich vorsichtshalber mehrere Pseudonyme zu. Weil Kästner für Menschlichkeit und Frieden eintrat wurden seine Bücher unter Hitler verboten. Nach dem Zweiten Weltkrieg wurde Kästner mit vielen Preisen ausgezeichnet. Erich Kästner starb am 29. Juli 1974 in München. Kästner hat Bücher für Kinder geschrieben. Seine Kinderromane werden heute noch gern gelesen weil sie lustig, spannend und manchmal auch ein wenig traurig sind. Neben dem 1929 veröffentlichten Kinderbuchklassiker „Emil und die Detektive" zählen „Pünktchen und Anton", „Das doppelte Lottchen" und „Das fliegende Klassenzimmer" zu seinen bekannten Werken.

2 Lies die Buchbesprechung von Erich Kästners Kinderroman „Das doppelte Lottchen". Ergänze die fehlenden Kommas. Führe mit deinem Partner ein Gespräch über die Kommasetzung.

Das doppelte Lottchen

Hier kommt ein Komma hin, weil ...

Zwei zehnjährige Mädchen, Luise Palfy aus Wien und Lotte Körner aus München, treffen in einem Ferieninternat aufeinander. Sie können sich anfangs überhaupt nicht ausstehen weil sie sich so ähnlich sehen. Nach einigen Nachforschungen stellt sich dann heraus dass die beiden Zwillinge sind und durch die Scheidung ihrer Eltern auseinandergerissen wurden. Während Luises Vater als Komponist in Wien lebt arbeitet Lottes Mutter in München. Als die Ferien zu Ende sind vertauschen die Zwillinge ihre Rollen. Dies führt bei ihren nichts ahnenden Eltern zu einiger Verwirrung da die beiden Mädchen ganz unterschiedliche Charaktereigenschaften besitzen. Sobald Lotte erfährt dass der Vater eine neue Beziehung angefangen hat wird sie vor Kummer krank. Nachdem die Mutter durch einen Zufall von der Begegnung der Schwestern und schließlich auch von der Krankheit erfahren hat fahren Mutter und Luise nach Wien und die Familie findet wieder zusammen. Obwohl Kästners Roman im Jahre 1949 geschrieben wurde ist sein Thema immer noch aktuell.

Überprüfe dein Wissen und Können

1 Lies den ersten Abschnitt über das bekannte Jugendbuch „Tom Sawyer" von Mark Twain. Finde Sinneinheiten und setze die fehlenden Punkte ein.

Mark Twain: Tom Sawyer

„Tom Sawyer" spielt in der Mitte des 19. Jahrhunderts in Amerika Tom lebt am Mississippi in dem kleinen Ort St. Petersburg als Waise bei seiner Tante Polly im selben Haus lebt auch sein Halbbruder Sidney er wird von allen Sid genannt und ist das genaue Gegenteil von Tom

2 Lies die Fortsetzung und ergänze die fehlenden Kommas.

Tom schwänzt gern die Schule prügelt sich und treibt sich nachts gern mit seinem besten Freund Huckleberry Finn herum. Sid ist immer brav geht zur Schule und verpetzt Tom bei jeder Gelegenheit. Huckleberry Finn hat keinen festen Wohnsitz seine Mutter ist tot sein Vater ist ein stadtbekannter Trinker. Hucks Freiheit fasziniert Tom er beneidet Huck oft darum.

3 Lies die folgende Geschichte über Tom und Huck. Unterstreiche zunächst alle Nebensätze und trenne dann Haupt- und Nebensätze durch ein Komma.

Als die beiden Freunde einmal mitten in der Nacht auf dem Friedhof sind werden sie Zeuge eines fürchterlichen Streits. Indianer Joe, Muff Potter und der junge Dorfarzt Robinson öffnen ein Grab und legen einen Leichnam auf eine Schubkarre. Der Doktor will dass sie den Toten zu seinem Haus schaffen. Nachdem Potter von Robinson niedergeschlagen worden ist ersticht Indianer Joe den Arzt mit Potters Messer. Dieses legt er dann dem bewusstlosen Potter in die Hand. Als Potter wieder zu sich kommt nennt Joe ihn einen Mörder. Potter wirft das Messer zu Boden und ergreift die Flucht. Die Wahrheit kennen nur Tom und Huck. Sie schwören sich jedoch gegenseitig dass sie nie etwas verraten werden da sie höllische Angst vor Indianer Joe haben.

4 Lies, wie es weitergeht, und ergänze die fehlenden Kommas.

Am nächsten Tag wird der Mord entdeckt das Messer wird identifiziert Potter kommt ins Gefängnis auf ihn wartet der Galgen. Huck und Finn besorgen sich Proviant und treiben mit einem Holzfloß zu einer Insel im Mississippi. Dort genießen sie das freie Leben angeln schwimmen bauen Zelte und machen ihre Entdeckungen. Nachdem ein Unwetter alle Vorräte und ihr Lager zerstört hat kehren sie nach Hause zurück. Als sie dort ankommen findet gerade ihr Begräbnis statt. Sobald sie sich zu erkennen geben ist die Freude der Trauergemeinde groß. Obwohl der Fall klar zu sein scheint sind alle gespannt auf Muffs Gerichtsverhandlung. Schließlich betritt Tom den Zeugenstand ...

> **Tipp**
>
> *Das Buch über Tom und Huck kannst du in jeder Bücherei ausleihen.*

Fehlerquellen entdecken – Fehler verstehen

Die Seitenüberschriften in der Werkstatt Rechtschreiben zeigen dir, welche Strategie du hier noch einmal besonders trainieren kannst, um in deiner Rechtschreibung noch sicherer zu werden.

Schüler einer 6. Klasse haben kurze Erinnerungsgeschichten geschrieben. Zu Sofias Geschichte gibt es zwei unterschiedliche **Vorschläge für eine Berichtigung** der Rechtschreibfehler.

1 Lies Sofias Geschichte. Wie kann sie vorgehen, um solche Fehler zu vermeiden?

> U
> Eines Tages hat mir meine Oma etwas ~~u~~nbekanntes zu trinken gegeben.
> ss
> Ich wusste nicht, da~~ß~~ es Möhrensaft war, und habe es getrunken.
> ss
> Es schmeckte schrecklich! Seit dem Tag ha~~ß~~e ich Möhrensaft.

> 1)
> Eines Tages hat mir meine Oma etwas unbekanntes zu trinken gegeben.
> 2)
> Ich wusste nicht, das es Möhrensaft war, und habe es getrunken.
> 3)
> Es schmeckte schrecklich! Seit dem Tag haße ich Möhrensaft.
>
> 1) etwas Unbekanntes (etwas Gutes, nichts Neues, viel Überraschendes)
>
> 2) Ich wusste nicht, dass es Möhrensaft war.
>
> 3) hassen (hassen wie passen, lassen) (aber: aßen, vergaßen)

2 Überlege und sprich mit jemandem über die Fragen:
– Welche Vor- und Nachteile haben die beiden Berichtigungen?
– Wann soll man *im Wort*, *in der Wortgruppe* oder *im Satz* berichtigen?

3 Finde im folgenden Text sechs Rechtschreibfehler und ein fehlendes Komma. Kennzeichne und berichtige die Fehler sinnvoll.

Es war ein schöner Ferientag und ich ging zur Skaterbahn. Dort traff ich Sebastian und fragte ihn, ob ich sein Skateboard haben dürfte. Ich freute mich das er es mir sofort erlaupte. Zuerst klapte alles prima. Dann rutschte ich ab und das Skateboard schlug gegen meinen Kopf. Janos fuhr mich mit dem Fahrrad zum Krankenhaus. Dort half mir zuerst keiner weiter, die Notaufnahme muste ich selber finden. Die Wunde wurde mit fünf stichen genäht.

Häufig schlägst du nicht nach, weil du dich sicher fühlst, wie ein Wort geschrieben wird. Später ärgerst du dich vielleicht über einen Fehler, den du nicht entdeckt hast. Ein wichtiger Schritt zum richtigen Schreiben ist also der Zweifel.

4 Hier ist ein Text, in dem 15 Wörter falsch geschrieben sind.
Suche die Fehlerwörter und berichtige sie. Wenn du nicht weißt, wie die Wörter richtig geschrieben werden, musst du **im Wörterbuch nachschlagen**.

Wühlen im Dreck

Auf die Maschienen, fertig, los! Ein lautes ROOAARR drönt über das Gelende,

als die drei Jungs in die Gaßpedale ihrer Bagger treten. Ein Druck auf den

Steuerhebel – und die großen Schaufeln der Ungetüme graben sich tief in den

dunklen Boden. Für Matschfans ist der Freizeitpark „Diggerland" (übersetzt:

Buddelland) im englischen Örtchen Strood wirklich ein Paradis: Hier kann

jeder in der Erde wülen, Steine aufladen und mit Follgas durch den Dreck

rumpeln.

Sogar Knirbse dürfen das. „Raus, Dad! Das ist meiner!", ruft ein

kleines Mädchen, als sich sein Vater auf seinen Kipbagger

schmugeln will. Als Diggerland vor einigen Jahren aufmachte,

wahren viele Leute noch skebtisch: Ob Kinder heute nicht lieber

mit Computern spielen, fragten sie sich. Inzwichen haben die

Betreiber wegen des großen erfolges weitere Parks eröffnet.

Allerdings ist der Spas nicht ganz billich: Eine Tageskarte kostet

gut 25 Euro.

---

5 Überlege, mit welchen Buchstaben die folgenden Wörter beginnen könnten:

____urve (S. ____)   ____lor (S. ____)   ____ontainer (S. ____)

____orrigieren (S. ____)   ____owboy (S. ____)   ____ordel (S. ____)

____rom (S. ____)   ____ouch (S. ____)   ____reideweiß (S. ____)

____ollage (S. ____)   ____ritzeln (S. ____)   ____rashkurs (S. ____)

> **Tipp**
> *Manchmal musst du an verschiedenen Stellen im Wörterbuch suchen, denn der Laut ‹k› kann auf verschiedene Weise geschrieben werden: mit K wie in Kutsche oder Kopf, mit Ch wie bei Chor oder Christbaum oder mit C wie bei Camping oder Comic.*

Schlage dann im Wörterbuch nach und trage den richtigen Anfangsbuchstaben ein. Schreibe die Seitenzahl im Wörterbuch, auf der das Wort steht, in die Klammer.

Nachschlagen in einem Wörterbuch

Wörter verlängern

Zweisilbige Wortformen bilden

1 Lies die Wörter laut vor. Was fällt dir am Wortende auf?

Stab ____Stäbe____   Lump _____   Hand _____

Haut _____   Zwerg _____   Werk _____

➡ *Informationen, wie du ähnlich klingende Konsonanten unterscheiden kannst, findest du im Schülerband auf Seite 236 in der Randspalte.*

2 Verlängere nun die Wörter um eine Silbe und unterlege sie mit Silbenbögen. Lies die verlängerte Form. Was hörst du jetzt?

3 Sprich die Wörter der folgenden Wörterliste und markiere die Laute, die beim Schreiben Schwierigkeiten bereiten.

sie schrieb – wir _____   *er schreibt – wir* _____

er wagt – wir _____   *der Weg – die* _____

Wald – die _____   *es stand – wir* _____

4 Schreibe zu jedem Wort eine Wortform, in der der Laut hörbar wird.

5 Bevor du in den Wörtern der folgenden Sätze b, d oder g einsetzt, bilde zu jedem Wort eine Verlängerungsform: *gaben → gab*.
Setze erst dann die fehlenden Buchstaben in die Wortlücke ein.

a) Sie ga__ ihrem Freun__ ein Buch, er schlu__ es auf und fan__ es sogar spannen__.

b) Muti__ hinderte ein Bankkunde einen Die__ am Rau__.

c) Sie wa__t es, den We__ durch den Wal__ zu nehmen, der sehr sandi__, steini__

und ihr auch völlig frem__ ist.

d) Er schrie__ vom Nachbarn ab.   e) Sie rie__ sich die Hände.

6 Schreibe die Adjektive mit einem Nomen auf: *der bärtige Mann*.

bärtig   eisig   farbig   hungrig   lustig   mutig   sandig   spaßig

_____

_____

➡ *Hilfen zu Aufgabe 7 und 8 findest du im Schülerband auf Seite 237 unten.*

7 Wie heißt die Endung in den folgenden Wörtern: **hügelig, stachelig, eilig, mehlig**? Unterstreiche sie und begründe die Schreibung mit g.

8 In die folgende Wortreihe haben sich drei Fehler eingeschlichen. Finde und berichtige sie:

freundlich bucklich sommerlich eklich nebelich ehrlich

9 Mit der Verlängerungsprobe kannst du auch herausfinden, ob du den stimmlosen s-Laut mit s schreiben musst: *das Hau_s_ – die Häu_s_er*. Sprich die Wörter mit der Verlängerungsform vor dich hin:

beweist bläst bremst die Gans das Gas das Glas

Schreibe dann so: *wir bewei_s_en – bewei_st_.*

_____

_____

die Lobrede   die Halbzeit   der Geduldsfaden   der Betrugsversuch

das Zündholz   sorgsam   der Siebdruck   die Zugmaschine

10 Finde in den zusammengesetzten Wörtern oben die passende Wortform, die den Problemlaut hörbar macht. Dazu musst du das Wort mit dem Problemlaut zuerst abtrennen: *die Lo_b_rede – wir lo_b_en*.

Welche Rechtschreibschwierigkeiten stecken in den beiden Wörtern *das Preisschild* und *kreisrund*? Löse die Aufgaben auf einem Zusatzblatt.

11 Suche nun zu den Wortreihen der Aufgaben 6–8 weitere Wortbeispiele und bilde mit ihnen Sätze für ein Partnerdiktat.

12 In die folgenden Texte haben sich einige Fehler eingeschlichen. Streiche diese Wörter durch und schreibe sie jeweils richtig auf ein Zusatzblatt. Schreibe zu jedem Wort in Klammern eine zweisilbige Wortform, die die Schreibweise begründet: *Abend (Abende), Wald …*

Früh am Abent kurvt Melanie noch über die Skaterbahn am Walt. Sie gleitet über den Rantstein am Spielfeld und rast immer wieder auf das Runt der Rampe. Dabei dreht sie mit der Hant das Board. Bald beherrscht sie die Drehung sogar aus dem Stant.

Ein „Fahrratdiep" trieb sich gestern bei der Schule herum. Bei jedem Rat bliep er stehen, schriep sich etwas auf, klingelte hier und da und hubte sogar an Annes neuem Pressluftsignal. Doch die mergte das und gap ihre Beobachtunk an die Polizei weiter. „Das ist unser Farratkontrolleur", erfuhr sie da.

Kirbys Wek zum Briefkasten ist lank. Sie klakt nie darüber, aber manchmal ist sie bank, dass sie eine Nachricht von ihrer Brieffreundin zu späd in Empfank nehmen kann.

Wörter verlängern

I, m, n ... einfach oder doppelt?

1 Bilde zu den folgenden Verben die wir-Form.
Wenn es ein verwandtes Wort gibt, schreibe es dazu.

bellt – *wir bel-len – das Gebell*   **kommt** – _____

kennt – _____   **glimmt** – _____

brennt – _____   **brummt** – _____

lässt – _____   **knallt** – _____

rennt – _____   **verpasst** – _____

2 Schreibe in die Wortlücken die passenden Wörter aus Aufgabe 1:

a) Ein wachsamer Hund _____, wenn ein Fremder _____.

b) Er _____ alle Geburtstage seiner Mitschüler.

c) Puh, die Sonne _____ so richtig vom Himmel!

d) Wenn das Licht _____, dann ist es eingeschaltet.

e) Manchmal _____ auch der Kopf, dann hast du zu viel
gearbeitet und dich zu sehr angestrengt.

f) André versucht sich zu befreien, doch Martina _____ nicht locker.

g) Die Asche im Kamin _____ noch nach.

h) Jeden Morgen _____ er zum Bus, sonst _____ er ihn.

3 Finde in dem folgenden Text die Fehler und berichtige sie:

Die Renwagen rollen knaternd zur Startaufstellung.

Ihre Motoren heullen und donnern. Das Rennen begint.

Die Zuschauer staren gebant auf die Renstrecke.

Später wird das Rennen mit der Zielflage beendet.

4 Schreibe ähnliche kurze Texte, in denen möglichst viele Wörter mit ll, mm,
nn ... vorkommen. Nutzt sie auch für ein Partnerdiktat.

Wortbezogene Regelungen kennen: Wörter verlängern

Silbentrennendes h und Dehnungs-h unterscheiden

*Wörter in Silben zerlegen
Wörter verlängern*

Man unterscheidet Wörter mit silbentrennendem h und Wörter mit Dehnungs-h: Das **silbentrennende h** gehört zur zweiten Silbe. Es trennt immer zwei Vokale voneinander: *gehen* und nicht *geen*.
Das **Dehnungs-h** gehört zur ersten Silbe. Es steht vor l, m, n oder r.
Es zeigt an, dass der Vokal davor lang gesprochen wird: *dehnen*.

→ *Zum Dehnungs-h findest du in diesem Heft weitere Hinweise und Aufgaben auf Seite 68.*

1 Überprüfe diese Rechtschreibregel: Unterlege die folgenden Wörter mit Silbenbögen. Markiere jeweils das h farbig.

Wörter mit silbentrennendem h:

drohen: _____

sehen: _____

stehen: _____

ziehen: _____

Wörter mit Dehnungs-h:

fahren: _____

fehlen: _____

fühlen: _____

führen: _____

2 Dehnungs-h und silbentrennendes h bleiben in allen Wörtern einer Wortfamilie erhalten. Ordne die Wörter den verwandten Wörtern oben zu:
*droht   fährt   fehlt   sah   fühlbar   zieht   das Gefühl   der Fahrer
die Drohgebärde   die Führung   sieht   fühlt   steht   die Drohung   fuhr
der Fehler   das Ansehen   verstehen   führt   die Erziehung   gefehlt
gestehen   die Aufführung   ausziehen*
Suche zu jeder Wortfamilie ein weiteres Wort. Nutze das Wörterbuch.

3 Unterstreiche die Wörter mit Dehnungs-h rot, die Wörter mit silbentrennendem h grün. Suche zu einigen Wörtern weitere verwandte Wörter:
*das Fohlen   früher   höher   die Jahre   die Lehrerin   nahe   nehmen
ohne   die Schuhe   die Uhren   wohnen   zählen   geschehen   beinahe
die Mühe   die Rehe   die Kühe   ruhen   wählen   blühen   die Zähne*

Wortbezogene Regelungen kennen: Wörter verlängern, Wörter zerlegen

Wörter ableiten

Verwandte Wortformen bilden

1 Von den folgenden Wörtern sind immer zwei Wörter verwandt. Schreibe sie als Wortpaare auf. Zuerst soll immer das Wort mit ä oder äu stehen:

die Äste   die Späße   schwächer   der Spaß   wachsen   träumen
waschen   braun   bräunlich   wäscht   der Bauch   die Bäuche
der Traum   schwach   der Zaun   wächst   die Zäune   der Ast

die Bäume – der Baum, _____

_____

_____

_____

2 Begründe das ä und äu in den folgenden Wörtern, indem du ein verwandtes Wort mit a oder au hinzuschreibst.

aufgeräumt kommt von _____*Raum*_____ , *beschädigen* von _____

bläulich von _____ , *fälschen* von _____

Geräusch von _____ , *häufig* von _____

kämpfen von _____ , *Päckchen* von _____

quälen von _____ , *Sträucher* von _____

ausräumen von _____ , *Gebäude* von _____

äußerlich von _____ , *Häuptling* von _____

ungläubig von _____ , *Verkäufer* von _____

täglich von _____ , *prächtig* von _____

gesprächig von _____ , *häkeln* von _____

verständlich von _____ , *schädlich* von _____

3 Aus den Wörtern *die Angst, fangen, faul, das Kraut, saugen, der Tag, taufen, die Wahl* lassen sich mit den Wortbausteinen *-ling, -er, -nis* Nomen und mit den Wortbausteinen *-lich* Adjektive mit ä und äu bilden: *Angst – ängstlich*. Achte dabei auch auf die Groß- und Kleinschreibung.

_____

4 äu oder eu? Schreibe nur die Wörter, die du von einem Wort mit au ableiten
kannst. Es sind acht. Wenn du unsicher bist, schlage nach.

*f??cht   s??bern   die Schl??der   der Br??tigam   die L??te   das Ger??sch
das Abent??er   h??fig   die K??le   s??erlich   das St??er   h??len
die Sch??ne   der Wiederk??er   zerst??ben   der S??gling   die ??le*

5 ä oder e? Schreibe nur die Wörter, die du von einem Wort mit a ableiten
kannst. Es sind sieben. Nutze im Zweifelsfall ein Wörterbuch.

*der Zw?rg   l?cheln   str?ng   schw?chlich   ?rmlich   das H?rz   n?hen
?ng   t?glich   ?hrlich   schn?ll   kr?nklich   die G?ste*

6 Ergänze ä oder e, äu oder eu:

Beim Schimpansenk____fig haben wir h____fig die

Gesichtsausdrücke nachge____fft, die Affen l____chelten

so komisch. Manche lagen auch nur schl____frig in den

Ruheh____sern, suchten sich die L____se aus dem F____ll oder h____ngten

sich an die ____ste und p____ndelten hin und h____r.

7 Zu einigen Wörtern, die mit ä geschrieben werden, ist es schwierig, eine Form
mit a zu finden, die das ä erklärt. Lerne in fünf Minuten möglichst viele aus-
wendig und schreibe sie auf ein Zusatzblatt:

*der Bär   allmählich   der Käfer   der Käse   fähig   zäh   ungefähr
spät   vorwärts   das Gerät   während   die Träne   der Lärm   gähnen*

8 Manche Wörter mit ä kann man leicht mit einem ähnlich klingenden Wort mit
e verwechseln. Du musst dann den Sinn des Wortes klären. Schreibe zu den
folgenden Wortpaaren immer den Sinn der Wörter dahinter.
Löse die Aufgabe auf einem Zusatzblatt. Finde weitere Wortbeispiele.

*die Fälle – die Felle   die Wälle – die Welle   die Gewähr – das Gewehr
die Wände – die Wende   das Härchen – das Herrchen   Drähte – drehte
die Gärten – die Gerten   fällt – Feld   Gäste – Geste   Lärche – Lerche*

Rechtschreibhilfen anwenden

➜ *Rechtschreibhilfen zum Schreiben von Wörtern mit Dehnungs-h findest du im Schülerband auf Seite 239.*

Wörter mit Dehnungs-h

1 In der folgenden Wörtersammlung findest du Wörter, die mit Dehnungs-h geschrieben werden, und Wörter, die du nicht mit h schreiben darfst.

bo?ren   der Bo?te   die Bro?te   der Bru?der   die Fa?ne   die Fra?gen die Ga?bel   gä?nen   ge?ben   die Hö?le   die Hü?ner   der Ju?bel die Ke?le   der Le?m   e?ren   lo?ben   der Ma?gen   die Mö?re   ne?men der Ra?men   die Sä?ge   sa?gen   ste?len   tre?ten

Schreibe die Wörter mit Dehnungs-h richtig auf. Unterstreiche den Buchstaben, der dem h folgt.

_____

_____

_____

_____

_____

Tipp

Aufgepasst: Beginnt ein Wort mit Qu/qu, Kr/kr, Kl/kl, Sp/sp, Sch/sch oder T/t, steht nie ein Dehnungs-h. Auch nicht vor l, m, n, r!

2 Setze in die Lücken ein h ein, wo es nötig ist. Im Zweifelsfall schlage im Wörterbuch nach.

a) Der König trägt oft eine go__ldene Kro__ne.

b) Mein Onkel ist kein König, aber er hat vom Za__narzt eine Kro__ne bekommen.

c) Dieses Ja__r ga__b es besonders viele Qua__llen.

d) Viele fa__ren mit dem Fa__rrad zur Schu__le.

e) Wenn jemand große Tö__ne spuckt, ist er ein Ange__ber.

f) Ich fa__re ge__rne mit der Ba__n.

g) Ein Scha__l ist ein langes, schma__les Halstuch.

3 Wo kann ein h stehen und wo auf keinen Fall? Begründe! Nimm auch das Wörterbuch zu Hilfe.

der Spu__rfe__ler   der Kra__mla__den   der O__rwu__rm

das To__nba__nd   der Schmo__rbra__ten

4 Bilde mit dem Wörterbuch eine ähnliche Wortreihe für ein Partnerdiktat.

Wortbezogene Regelungen beherrschen und deren Ausnahmen kennen

Wann schreibt man ck und tz?

Wörter in Silben zer-legen und verlängern

heizen   der Dackel   denken   ekeln   die Hitze   die Wurzel   merken

die Käuze   die Kerze   kratzen   die Kreuze   die Luke   die Mücke

die Mütze   die Pflanzen   quieken   der Rücken   schaukeln

schenken   scherzen   die Schnauze   die Schnecke   die Spitze

spucken   spuken   stinken   tanzen   der Weizen   welken   die Witze

➜ *Informationen, wann du Wörter mit ck und tz schreiben musst, findest du im Schülerband auf Seite 240/241.*

1 Unterlege jedes Wort der Wörtersammlung oben mit einem Silbenbogen und markiere den letzten Buchstaben der betonten Silbe farbig.

2 Schreibe die Wörter in die richtige Spalte der Tabelle:

Bei Wörtern wie *Bäcker* und *lecker*, *Glatzen* und *schmatzen* schreiben wir ck und tz, damit die Silbe geschlossen ist und der Vokal kurz gelesen wird: *Bäcker* und *lecker* *Glatzen* und *schmatzen*	Bei Wörtern wie *Schurke* und *dunkel*, *tanzen* und *scherzen* ist die betonte Silbe geschlossen: *Schurke* und *dunkel*, *tanzen* und *scherzen*	Bei Wörtern wie *Luke* und *Haken*, *Schnauze* und *reizen* ist die Silbe offen. Der Vokal wird lang gesprochen – auch bei *au, ei, eu, äu*: *Luke* und *Haken* und *reizen*
der Dackel		heizen

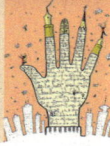
3 Übe mit den Wörtern der folgenden Tabelle so:
- Suche zu den einsilbigen Wörtern in Spalte 1 eine zweisilbige Wortform, schreibe sie in Spalte 2 und unterlege sie mit Silbenbögen.
- Fülle die Wortlücke in Spalte 1.
- Schreibe ein verwandtes Wort in Spalte 3.

k oder ck?

Spalte 1	Spalte 2	Spalte 3
sie ba *ck* t	*bac ken*	*Backstube, Bäcker*
er len t		
es spu t		
er spu t		
sie trin t		
er quie t		

z oder tz?

Spalte 1	Spalte 2	Spalte 3
es kra t		
es grun t		
er hei t		
es rei t		
es nu t		
er fli t		

4 Überprüfe: Die Endlaute in den folgenden Wortpaaren klingen gleich. Sie werden aber mit verschiedenen Buchstaben geschrieben:
Hals – Holz   Fels – Pelz   Gans – ganz   ...
Wie kannst du die richtige Schreibweise finden? Setze die Reihe mit ähnlichen Wortpaaren fort.

5 Lies die Wörter der beiden Wortreihen und vergleiche die unterstrichenen Stellen miteinander:
der Pu<u>tz</u>tag   die Kra<u>tz</u>bürste   der Bli<u>tz</u>ableiter   ...
der Gebur<u>ts</u>tag   der Mona<u>ts</u>name   die Or<u>ts</u>durchfahrt   ...
Welche Rechtschreibschwierigkeit stellst du fest? Kannst du eine Erklärung geben? Setze die Reihen mit ähnlichen Beispielen fort.

Wortbezogene Regelungen kennen

Wann schreibt man ss und wann ß?

Wörter in Silben zerlegen und verlängern

→ *Informationen, wann du Wörter mit ss oder ß schreiben musst, findest du im Schülerband auf Seite 242.*

1 Unterlege die folgenden Wörter mit Silbenbögen:

Grüße – Flüsse   Füße – Nüsse   Straße – Kasse   Maße – Klasse

2 Schreibe die Wörter in die Tabelle:

Betonte Silbe offen, Vokal wird lang gesprochen	Betonte Silbe geschlossen, Vokal wird kurz gesprochen
Grüße,	*Flüsse,*

3 Stelle die Wörter nun zu Reimpaaren zusammen:

Grüße – Füße, _____

4 Bilde zu der einsilbigen Wortform der folgenden Wörter die zweisilbige Wortform. Unterlege sie mit einem Silbenbogen.

der Fuß – die Füße   das Maß – die _____   das Floß – die _____

das Gefäß – die _____   der Stoß – die _____

sie heißt – wir _____   es fließt – wir _____

er grüßt – wir _____   ich aß – wir _____

groß – ein _____ Haus   süß – ein _____ Pudel

5 Ergänze: Nur nach _____ wird ß geschrieben.

6 Schreibe ß und ss in die Lücken der folgenden Wörter. Unterlege dann jedes Wort mit einem Silbenbogen:

die Kü___e   die Klö___e   die Grü___e   die Pä___e

die Spä___e   die Nü___e   die Flü___e   die Sträu___e

die Fä___er   die Fü___e   die Stra___e   die Ga___en

7 ss oder ß? Fülle die Wortlücken:

Hassan bekam zum Geburtstag spa___ige Geschenke:

Klaus überlie___ ihm ein großes Gefä___ voll mit wei___en Zuckermäusen,

einem sü___en Schokoku___ und einem pa___enden Verschlu___.

Leider fra___ Dackel Willi alles Sü___e heimlich auf.

Wortbezogene Regelungen kennen

8 ss oder ß? Lies die folgenden Wörter:
*der Bei___ring   der Nu___knacker   die Pa___stelle   der Ma___becher
das Vergi___meinnicht   die Rei___leine   die Begrü___ung
die Gie___kanne   der Fre___napf   die Gru___karte*

a) Arbeite so: Trenne jeweils den Wortteil mit dem s-Laut ab und notiere ihn hier mit einer Wortform, die die Schreibweise des s-Lautes erklären kann:

Beiß – beißen, _____

_____

_____

_____

b) Fülle nun die Lücken in den Wörtern oben mit dem richtigen Buchstaben.

9 Ordne die Wörter den Wortfamilien zu. Begründe die unterschiedliche Schreibweise der s-Laute in den Wortfamilien in einem Rechtschreibgespräch:
*gießt   wusste   die Beißzange   geschlossen   verbissen   vergaß
gewiss   schließt   er weiß (etwas)   goss   wissbegierig   vergesslich
beißt   die Gießkanne   unvergessen   vergiss   schloss   vergossen
bissig   entschließen*

wissen: _____

vergessen: _____

schließen: _____

gießen: _____

beißen: _____

10 ss oder ß? Fülle die Lücken in den Wörtern der folgenden Sätze.

a) Das Hemd pa____t prima zur Hose.

b) Jeder Pa____ enthält ein Pa____bild.

c) Sie begrü____t jeden ganz lieb.

d) Ein Brief endet immer mit einer Gru____formel.

e) Ihm ist der Spa____ vergangen. Dabei ist er ein richtiger Spa____vogel.

11 Erfinde ein kleines Partnerdiktat mit möglichst vielen Übungswörtern der beiden letzten Seiten.

Wortbezogene Regelungen kennen

Überprüfe dein Wissen und Können

1 Welche Wortformen begründen die unterstrichenen Buchstaben in den Wörtern? Streiche die Wortformen durch, die nicht brauchbar sind.

h**äu**fig: die Häufigkeit   der Haufen   überhäufen   haufenweise

sch**äu**men: der Schaum   es schäumt   das Schaumbad   schaumig

zuf**ä**llig: es fällt   fällig   wir fallen   gefällig   die Falle

empf**ind**lich: finden   befindlich   unauffindbar   erfinden   die Erfindung

ko**mm**t: er kam   komm   wir kommen   das Vorkommnis   ankommen

Stau**b**korn: staubig   verstaubt   wir stauben   es staubt   das Stäubchen

2 Setze k oder ck ein:

Leons Augen funkeln, als er sich sein erstes Stück der schön gestalteten Heftsei-te anguckt. Dann len____t er seinen Bli____ auf die untere E____e. Dort klebt eine plattgedrü____te Mücke. Glü____licherweise hat er den Text ein zweites Mal ausge-dru____t. „Noch einmal Glü____ gehabt", denkt er und klebt ihn flin____ darüber.

3 Setze z oder tz ein:

Im Wald konnte Simon ein Wildschwein beobachten. Es kra____te mit der Schnau____e die Pflan____en zur Seite und fraß schma____end Würmer und Wur____eln. Dann grun____te es kur____, kreu____te den Waldweg und fli____te wie der Bli____ ins Gebüsch.

4 Vier der sechs Orte müssten eigentlich nach der Rechtschreibregel anders geschrieben werden. Unterstreiche diese Ortsnamen:

Atzendorf   Bautzen   Bentzin   Betzenhausen   Deutzen   Dietzenbach

5 Warum schreibt man ein Wort wie *Füße* mit ß und nicht wie *Flüsse* mit ss? Kreuze die richtige Antwort an.

☐ Die erste Silbe ist geschlossen und der Vokal wird kurz gesprochen.

☐ *Füße* besteht aus zwei Silben.

☐ Die erste Silbe in *Füße* ist offen und der Vokal wird lang gesprochen.

6 Setze in die einsilbigen Wörter ss oder ß richtig ein. Begründe die Schreib-weise mit einer zweisilbigen Wortform.

gie____t, weil _____ ,   *na____, weil* _____ ,

lä____t, weil _____ ,   *sa____, weil* _____ .

7 Warum kann in Wörtern wie *Schule*, *Schmerzen*, *scheinen* oder *Schere* kein Dehnungs-h stehen?

☐ weil der Vokal in der ersten Silbe lang gesprochen wird.

☐ weil die erste Silbe mit sch/Sch beginnt.

☐ weil vor l, m, n, r kein Dehnungs-h steht.

*Rechtschreibhilfen
anwenden*

Das Wörtchen „dass"

1 Verbinde in den Sätzen das *dass* und das zugehörige Verb mit Pfeilen und
markiere das Komma farbig.

a) Die Mathematiklehrerin weiß, dass Mathematik nicht nur aus Zahlen und For-

meln besteht. Sie beweist ihren Schülerinnen und Schülern, dass Mathematik

auch Spiel und Spaß bedeuten kann.

b) Sven weiß, dass das Angeln aufregend sein kann. Er erklärt während eines Vor-

trags, dass man natürlich auch viel über das Angeln wissen muss.

c) Bert vermutet, dass Schüler lieber Zeitschriften als dicke Bücher lesen.

Andere meinen, dass man das nicht verallgemeinern dürfe.

2 Verbinde die folgenden Verben und Sätze mit *dass*. Denke an das Komma!
Ich meine, dass …

a) _____

meinen: Für die Ordnung in der Klasse ist jeder zuständig.

b) _____

befürchten: Es wird sich nicht viel ändern.

c) _____

wünschen: Einer übernimmt die Verantwortung.

d) _____

damit rechnen: Keiner meldet sich freiwillig.

e) _____

wissen: Es bleibt an mir hängen.

f) _____

hoffen: Wenigstens einer hilft mir.

3 Schreibe einige Sätze der Aufgaben 1 und 2 so auf, dass der dass-Satz an
erster Stelle steht. Löse die Aufgabe auf einem Zusatzblatt:
Dass Mathematik nicht nur aus Zahlen und Formel besteht, weiß …

Groß oder klein?

1 Alle Nomen in den folgenden Wörtergruppen sind kleingeschrieben. Suche die Signalwörter der Nomen und unterstreiche sie.

am großen, alten baum   im runden turmfenster   das ungute gefühl

sein ängstlicher blick und der unsichere gang

vom knorrigen baumstumpf aus   die umgestürzte leiter   schwaches licht

verdächtige geräusche   lange, dunkle schatten   eine unheimliche stille

sein pochendes herz   ein lustiger, unvergesslicher streich

2 Berichtige die Anfangsbuchstaben der Nomen. Verbinde Erkennungswort und Anfangsbuchstaben der Nomen mit Pfeilen.

3 Schreibe mit den Wörtergruppen eine spannende Waldgeschichte. Kontrolliere anschließend die Großschreibung der Nomen. Löse die Aufgabe im Heft.

4 Berichtige im folgenden Text die Anfangsbuchstaben der Nomen. Wenn du unsicher bist, suche nach Signalwörtern: Es können Artikel, Pronomen oder Adjektive sein.

der baum als lebensraum

Der baum dient vielen tieren als wichtiger lebensraum. Auf ihm findet man eine

fülle von unterschiedlichen tierarten. Die meisten tierarten sind sehr klein und

gehören zur gruppe der wirbellosen. Man hat festgestellt, dass auf einer ausge-

wachsenen eiche bis zu 300 verschiedene insektenarten vorkommen. 100 davon

gehören zu den schmetterlingen. Ihre larven leben in

und auf den blättern. Die bäume müssen sich gegen den

raub ihrer nährstoffe und auch gegen kleine und große

beschädigungen wehren. Bäume haben dazu verschie-

dene chemische stoffe entwickelt, die in den blättern

und im holz gespeichert werden.

Satzbezogene Regelungen kennen: Kennzeichen für die Großschreibung

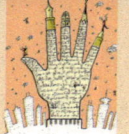

*Auf besondere Wort-
bausteine achten*

5 Verben und Adjektive werden zu Nomen, wenn du einen der Wortbausteine
-ung, *-heit*, *-keit* oder *-nis* anhängst. Bilde mit jedem der vier Wortbausteine
sieben Nomen:

ärgern   wohnen   böse   üben   dankbar   dumm   erlauben   lesen
erleben   befragen   fähig   fälschen   gleich   flüssig   frei   freundlich
kennen   vergeben   geheim   neu   hindern   krank   meinen   sauber
selten   übel   verrückt   zärtlich

-ung: _____

_____

-heit: _____

_____

-keit: _____

_____

-nis: das Ärgernis

_____

6 Schreibe alle Nomen mit dem Wortbaustein *-nis* noch einmal im Plural auf.
Beachte: Der Wortbaustein wird dann mit ss (*-nis/-nisse*) geschrieben.

-nisse: die Ärgernisse, _____

_____

7 Bilde mit Nomen mit dem Wortbaustein *-ung*, *-heit*, *-keit* oder *-nis* kurze
Übungssätze für ein Partnerdiktat.

_____

_____

_____

_____

_____

_____

_____

Satzbezogene Regelungen kennen: Kennzeichen für die Großschreibung

Verben können zu Nomen werden

1 In den folgenden Satzpaaren sind einige Verben mit Großbuchstaben geschrieben. Markiere nur die Verben mit ihrem Erkennungswort, die zu Nomen geworden sind und jetzt mit großem Anfangsbuchstaben geschrieben werden müssen.

a) Bei der letzten Arbeit ist uns das LACHEN vergangen. Während der letzten Arbeit konnte kaum einer LACHEN.

b) Ich SCHREIBE gern lange Geschichten. Beim SCHREIBEN brauche ich viel Ruhe.

c) Er muss oft RECHNEN. Sein RECHNEN muss er aber noch verbessern.

d) Vor dem ESSEN waschen wir uns heute besonders sorgfältig die Hände. Die Spaghetti ESSEN wir nämlich gern mit den Fingern.

2 Schreibe die Sätze richtig auf ein Zusatzblatt.

3 Entscheide: groß oder klein? Streiche den falschen Anfangsbuchstaben jeweils durch. Unterstreiche die Signalwörter. Aufgepasst: Zwischen einigen Nomen und ihren Erkennungswörtern stehen jetzt Adjektive.

Für einen Aufenthalt im Wald e/Erarbeiten die Schülerinnen und Schüler gemeinsam Verhaltensregeln, die sie befolgen wollen: Verboten ist das b/Beschädigen von Bäumen und Sträuchern. Alle wollen das laute r/Rufen und das r/Rumschreien auf jeden Fall u/Unterlassen und als Gäste des Waldes die Tiere nicht unnötig s/Stören.

Es gibt verschiedene Arten des l/Lachens. Man kann herzlich, fröhlich, laut, aber auch schadenfroh, frech und leise l/Lachen. Das g/Grinsen ist ein schadenfrohes l/Lachen, das k/Kichern ein leises l/Lachen. Wenn Menschen l/Lächeln, zeigen sie anderen ihre Freundlichkeit. Das l/Lachen kann auf andere ansteckend wirken.

Du kannst deutlich, leserlich oder unordentlich, undeutlich, unleserlich s/Schreiben. Das ordentliche s/Schreiben kannst du l/Lernen. Beim s/Schreiben machen wir häufig auch Fehler. Deinen Aufsatz kannst du v/Vorschreiben. Beim v/Vorschreiben kannst du dich zunächst auf den Inhalt k/Konzentrieren. Später beim ü/Überarbeiten kannst du dann auch das r/Rechtschreiben überprüfen.

4 Schreibe ähnliche Texte mit Wörtern wie *gehen* oder *sprechen*. Nutze deine Texte auch für Partnerdiktate.

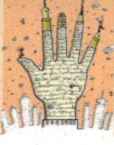

*Auf Signalwörter
achten*

Adjektive können zu Nomen werden

1 Die Adjektive in dem folgenden Text sind blau geschrieben. Unterstreiche die Adjektive, die zu Nomen geworden sind, und korrigiere den Anfangsbuchstaben.

a) Wir treffen uns an der **grünen** Bank. Wir fahren dann ins **grüne**.

b) Vergiss nicht, für das **süße**, das **saure** und das **gebratene** zu sorgen.

c) Peter isst gern die **süßen** Kirschen, Karin lieber die **sauren** Äpfel aus dem Garten

und Thomas braucht unbedingt sein **gebratenes** Hähnchen am Grill.

d) Ich habe im Moment vom **süßen** und von dem **sauren** die Nase voll, auch vom

gebratenen.

2 Unterstreiche in den folgenden Sätzen die Adjektive, die zu Nomen geworden sind, mit ihren Signalwörtern. Korrigiere den Anfangsbuchstaben.

a) Es war ein **großartiges** Fest. Wir haben etwas **großartiges** erlebt.

b) Alles **langweilige** war wie weggeblasen. Mir war nie **langweilig**.

c) Manches **falsche** und viel **dummes** wird erzählt.

d) Das sind aber alles **falsche** Behauptungen und **dumme** Gerüchte.

3 Sieben Adjektive sind in den folgenden Sätzen zu Nomen geworden und müssen deshalb großgeschrieben werden. Suche sie und überschreibe sie mit Großbuchstaben.

a) Das schöne muss man nicht immer in der ferne suchen.

b) Die nähere Umgebung hat oft viel interessantes und manches kostbare zu

bieten.

c) Für die kleinen gibt es vielfältige Spielangebote, für die großen Fahrradtouren.

d) Zur Stärkung gibt es unterwegs viel schmackhaftes in den Kiosken und

Restaurants.

4 Erfinde eine Übung mit ähnlichen Sätzen, in denen Adjektive zu Nomen werden. Ein Partner soll sie bearbeiten.

Satzbezogene Regelungen kennen: Kennzeichen für die Großschreibung

Zeitangaben – groß oder klein?

Auf Signalwörter achten, Rechtschreib-hilfen anwenden

1 Ergänze die Wortreihen durch eigene Beispiele:

der Abend, der Morgen, _____

eines Abends, eines _____

am Mittag, am _____

gegen Mittag, gegen _____

jeden Monat, jeden _____

der/am Montagabend, _____

2 Ergänze die Wortreihen mit eigenen Beispielen:

heute, gestern, _____

morgens, montags, _____

montagabends, sonntagmorgens, _____

monatlich, _____

3 Ersetze in den Sätzen die Zeitangaben, die vor den Lücken stehen, durch ein passendes Adverb:

a) Während der Ferien gehe ich ~~am Abend~~ _____ spät ins Bett.

b) In die Klassenkasse zahlt jeder im Monat _____ 2 €.

c) Ich gehe jedes Jahr _____ zweimal zur Zahnuntersuchung.

d) Viele Raubtiere gehen in der Nacht _____ auf Beutezug.

e) Ich gehe am Montagabend _____ immer zum Training.

f) Ich komme am Morgen _____ nie aus dem Bett.

4 Bilde mit den Beispielwörtern zu den Wörterreihen kurze Sätze für ein Part-nerdiktat. Vielleicht wird daraus auch ein zusammenhängender Text:
   Was ich mir vornehme ...
   Was ich gemacht habe ...

Satzbezogene Regelungen kennen: Kennzeichen für die Großschreibung

Überprüfe dein Wissen und Können

1 Welche Wörter im folgenden Text sind Nomen und müssen großgeschrieben werden? Berichtige die Anfangsbuchstaben.

Zauberei

Gestern abend hat jana für die zauberstunde am nächsten morgen einen trick gesucht. Beim blättern im zauberbuch fand sie einen trick mit wasserglas und münze. Für die vorführung will sie als zauberin auftreten. Beim nähen des zauberkostüms war sie auf die hilfe der ganzen familie angewiesen.

Schon morgens vor dem aufstehen probiert sie alles wichtige noch einmal mit besonderer aufmerksamkeit aus. Beim proben überlegt sie auch einen zauberspruch. Vor ihr auf dem tisch liegt ein knallroter papierbogen. Darauf steht ein wasserglas mit der öffnung nach unten. Daneben liegt ein glänzendes eurostück. Zum abdecken des glases benutzt sie ein weißes tuch. Dann hebt sie beides hoch und spricht ihren zauberspruch. Nach dem absetzen des glases soll ein mitschüler das tuch wegnehmen. Dann ist die münze spurlos verschwunden.

Etwas genaueres und besonders überraschendes über den ablauf des tricks will sie der klasse erst später verraten.

Und so geht der trick:

Man braucht zwei gleichfarbige papierbögen. Aus einem schneidet man eine scheibe aus, die genau auf die öffnung des wasserglases passt, und klebt sie auf die glasöffnung. Den unzerschnittenen bogen legt man auf den tisch. Das wasserglas stellt man mit der zugeklebten öffnung nach unten darauf und legt eine münze daneben. Man überdeckt glas und münze geheimnisvoll mit einem tuch und sagt einen zauberspruch. Danach wird das glas mit dem tuch hochgehoben und unauffällig über die münze gestülpt. Jetzt wird das tuch weggezogen und die münze ist verschwunden.

2 Unterstreiche im ersten Teil des Textes
   a) alle Verben und Adjektive, die zu Nomen geworden sind, mit ihren Signalwörtern,
   b) alle Zeitangaben (mit einer anderen Farbe).